医药商品经营与管理

全国医药职业技术教育研究会　组织编写

孙丽冰　主编　　杨自亮　主审

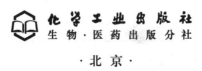

化学工业出版社

生物·医药出版分社

·北京·

本书是全国医药高职系列教材之一，由江苏联合职业技术学院徐州医药分院编写。本书以医药企业商品经营专业职业岗位群为主线，以培养学生实用技能和职业素质为重点，力求在突出职业教育特点的同时，反映医药商品经营与管理方面的新知识、新技术与新进展。本书内容基本涵盖了药品零售、批发及生产企业的各类经营管理人员的工作内容（包括药店经理、药店营业员、药品购销经理、药品购销员、区域经理、医药代表等）。内容新颖，实用性强。

　　本书可供医药高等职业学校各相关专业学生使用，可作为医药企业商品经营管理人员的培训用书。

图书在版编目（CIP）数据

　　医药商品经营与管理/孙丽冰主编 . —北京：化学工业出版社，
2006.7（2023.2重印）
　　ISBN 978-7-5025-9141-0

　　Ⅰ. 医… Ⅱ. 孙… Ⅲ. ①药品-商业企业-企业管理②药品-
工业企业管理　Ⅳ. ①F717.5②F407.7

　　中国版本图书馆 CIP 数据核字（2006）第 087234 号

责任编辑：陈燕杰　余晓捷　孙小芳　　　　　文字编辑：张　娟
责任校对：洪雅姝　　　　　　　　　　　　　装帧设计：关　飞

出版发行：化学工业出版社　生物·医药出版分社（北京市东城区青年湖南街 13 号　邮政编码 100011）
印　　刷：北京云浩印刷有限责任公司
装　　订：三河市振勇印装有限公司
787mm×1092mm　1/16　印张 10　字数 213 千字　　2023 年 2 月北京第 1 版第 18 次印刷

购书咨询：010-64518888　　售后服务：010-64518899
网　　址：http://www.cip.com.cn
凡购买本书，如有缺损质量问题，本社销售中心负责调换。

定　　价：29.00 元　　　　　　　　　　　　　　　　版权所有　违者必究

《医药商品经营与管理》编审人员

主　　编　　孙丽冰（江苏联合职业技术学院徐州医药分院）

主　　审　　杨自亮（江苏恩华药业集团公司）

编写人员　　（以姓氏笔画为序）

孙丽冰（江苏联合职业技术学院徐州医药分院）

吴　杰（江苏联合职业技术学院徐州医药分院）

张福玲（江苏联合职业技术学院徐州医药分院）

赵　琦（江苏联合职业技术学院徐州医药分院）

赵迎春（江苏联合职业技术学院徐州医药分院）

全国医药职业技术教育研究会委员名单

会　长　苏怀德　国家食品药品监督管理局

副会长　（按姓氏笔画排序）

王书林　成都中医药大学峨眉学院

严　振　广东化工制药职业技术学院

周晓明　山西生物应用职业技术学院

缪立德　湖北省医药学校

委　员　（按姓氏笔画排序）

马孔琛　沈阳药科大学高等职业技术学院

王吉东　江苏省徐州医药高等职业学校

王自勇　浙江医药高等专科学校

左淑芬　河南中医学院药学高职部

付梦生　湖南省药学职业中等专业学校

白　钢　苏州市医药职工中等专业学校

刘效昌　广州市医药中等专业学校

闫丽霞　天津生物工程职业技术学院

阳　欢　江西中医学院大专部

李元富　山东中医药高级技工学校

张希斌　黑龙江省医药职工中等专业学校

陆国民　复旦大学药学院第二分院

林锦兴　山东省医药学校

罗以密　上海医药职工大学

钱家骏　北京市中医药学校

黄跃进　江苏省连云港中医药高等职业技术学校

黄庶亮　福建食品药品职业技术学院

黄新启　江西中医学院高等职业技术学院

彭　敏　重庆市医药技工学校

鼓　毅　长沙市医药中专学校

谭骁彧　湖南生物机电职业技术学院药学部

秘书长　（按姓氏笔画排序）

刘　佳　成都中医药大学峨眉学院

谢淑俊　北京市高新职业技术学院

全国医药高职高专教材建设委员会委员名单

前　言

从 20 世纪 30 年代起，我国即开始了现代医药高等专科教育。1952 年全国高等院校调整后，为满足当时经济建设的需要，医药专科层次的教育得到进一步加强和发展。同时对这一层次教育的定位、作用和特点等问题的探讨也一直在进行当中。

鉴于几十年来医药专科层次的教育一直未形成自身的规范化教材，长期存在着借用本科教材的被动局面，原国家医药管理局科技教育司应各医药院校的要求，履行其指导全国药学教育为全国药学教育服务的职责，于 1993 年出面组织成立了全国药学高等专科教育教材建设委员会。经过几年的努力，截至 1999 年已组织编写出版系列教材 33 种，基本上满足了各校对医药专科教材的需求。同时还组织出版了全国医药中等职业技术教育系列教材 60 余种。至此基本上解决了全国医药专科、中职教育教材缺乏的问题。

为进一步推动全国教育管理体制和教学改革，使人才培养更加适应社会主义建设之需，自 20 世纪 90 年代以来，中央提倡大力发展职业技术教育，尤其是专科层次的职业技术教育即高等职业技术教育。据此，全国大多数医药本专科院校、一部分非医药院校甚至综合性大学均积极举办医药高职教育。全国原 17 所医药中等职业学校中，已有 13 所院校分别升格或改制为高等职业技术学院或二级学院。面对大量的有关高职教育的理论和实际问题，各校强烈要求进一步联合起来开展有组织的协作和研讨。于是在原有协作组织基础上，2000 年成立了全国医药高职高专教材建设委员会，专门研究解决最为急需的教材问题。2002 年更进一步扩大成全国医药职业技术教育研究会，将医药高职、高专、中专、技校等不同层次、不同类型、不同地区的医药院校组织起来以便更灵活、更全面地开展交流研讨活动。开展教材建设更是其中的重要活动内容之一。

几年来，在全国医药职业技术教育研究会的组织协调下，各医药职业技术院校齐心协力，认真学习党中央的方针政策，已取得丰硕的成果。各校一致认为，高等职业技术教育应定位于培养拥护党的基本路线，适应生产、管理、服务第一线需要的德、智、体、美各方面全面发展的技术应用型人才。专业设置上必须紧密结合地方经济和社会发展需要，根据市场对各类人才的需求和学校的办学条件，有针对性地调整和设置专业。在课程体系和教学内容方面则要突出职业技术特点，注意实践技能的培养，加强针对性和实用性，基础知识和基本理论以必需够用为度，以讲清概念，强化应用为教学重点。各校先后学习了"中华人民共和国职业分类大典"及医药行业工人技术等级标准等有关职业分类，岗位群及岗位要求的具体规定，并且组织师生深入实际，广泛调研市场的需求和有关职业岗位群对各类从业人员素质、技能、知识等方面的基本要求，针对特定的职业岗位群，设立专业，确定人才培养规格和素质、技能、知识结构，建立技术考核标准、课程标准和课程体系，最后具体编制为专业教学计划以开展教学活动。教材是教学活动中必须使用的基本材料，也是各校办学的必需材料。因此研究会及时开展了医药高职教材建设的研讨和有组织的编写活动。由于专业教学计划、技术考核标准和课程标准又是从现实职业岗位群的实际需要中归纳出来的，因而研究会组织的教材编写活动就形成了几大特点。

1. 教材内容的范围和深度与相应职业岗位群的要求紧密挂钩，以收录现行适用、成熟规范的现代技术和管理知识为主。因此其实践性、应用性较强，突破了传统教材以理论知识为主的局限，突出了职业技能特点。

2. 教材编写人员尽量以产、学、研结合的方式选聘，使其各展所长、互相学习，从而有效地克服了内容脱离实际工作的弊端。

3. 实行主审制，每种教材均邀请精通该专业业务的专家担任主审，以确保业务内容正确无误。

4. 按模块化组织教材体系，各教材之间相互衔接较好，且具有一定的可裁减性和可拼接性。一个专业的全套教材既可以圆满地完成专业教学任务，又可以根据不同的培养目标和地区特点，或市场需求变化供相近专业选用，甚至适应不同层次教学之需。因而，本套教材虽然主要是针对医药高职教育而组织编写的，但同类专业的中等职业教育也可以灵活的选用。因为中等职业教育主要培养技术操作型人才，而操作型人才必须具备的素质、技能和知识不但已经包含在对技术应用型人才的要求之中，而且还是其基础。其超过"操作型"要求的部分或体现高职之"高"的部分正可供学有余力，有志深造的中职学生学习之用。同时本套教材也适合于同一岗位群的在职员工培训之用。

现已编写出版的各种医药高职教材虽然由于种种主、客观因素的限制留有诸多遗憾，上述特点在各种教材中体现的程度也参差不齐，但与传统学科型教材相比毕竟前进了一步。紧扣社会职业需求，以实用技术为主，产、学、研结合，这是医药教材编写上的划时代的转变。因此本系列教材的编写和应用也将成为全国医药高职教育发展历史的一座里程碑。今后的任务是在使用中加以检验，听取各方面的意见及时修订并继续开发新教材以促进其与时俱进、臻于完善。

愿使用本系列教材的每位教师、学生、读者收获丰硕！愿全国医药事业不断发展！

全国医药职业技术教育研究会

2004 年 5 月

说　明

　　本研究会在组织各会员单位共同编写医药职业技能教材供各校通用的同时，也鼓励各校积极编写校本教材。校本教材以各校的特定需要为本，以该地区医药经济的特点为本，因而更能反映学校的特色和地方的特色。但也因此，其教材的成熟需要更长的过程和更多的关注。所以在校本教材经过试用相对成熟的情况下，本研究会也支持其正式出版以便加快其建设。

　　江苏联合职业技术学院十分重视校本教材建设工作，他们专门成立了"医药高等职业教育课程改革实验教材编写委员会"（主任委员马能和，副主任委员金友鹏、王吉东），江苏省徐州医药高等职业学校为江苏联合职业技术学院的医药分院，该校组织编写的校本教材反映了该校对医药职业技术教育的认识和改革成果，同时也是对全国医药职业技术教育的一份贡献。毫无疑问，待他们的探索更有成果，教材更加成熟时，一定会得到其他各会员单位更加热情的支持和肯定，进一步发展成为研究会成员单位通用的教材。

　　受此热望之推动，诚为之说明。

苏怀德

全国医药职业技术教育研究会会长

2006 年 6 月

编 写 说 明

本书为医药高等职业教育课程改革系列教材之一，由江苏联合职业技术学院徐州医药分院组织编写。

医药商品经营与管理是管理学及营销学基本原理在医药商业实践中的具体应用。一方面，经营与管理的基本原理具有普遍性；另一方面，医药商品经营与管理又有其具体的行业特点及独特的经营方式。由于以往学科教育更为强调管理理论的系统性与完整性，因此往往偏重于对抽象原理的阐述与解释，实践应用的内容常常不足，更未能与医药行业的具体实际相结合。近年来，我国医药行业发展迅猛，迫切需要一大批具有较高职业素质的商品经营与管理人才，对医药高等职业教育提出了更为紧迫的要求。因此编写一本突出职业教育特点，反映现代医药行业发展的商品经营与管理教材对培养现代社会需要的医药商品技能型人才具有重要意义。

本书以高等职业教育为导向，以医药企业商品经营专业职业岗位群为主线，以培养学生实用技能为教学重点，紧密结合现代医药企业的发展状况，并力求反映医药商品经营与管理方面的新知识、新技术与新进展。本书分 4 部分，分别介绍药品零售企业、批发企业及生产企业的营销与管理以及医药商品经营管理人员职业素质的培养。基本涵盖了药品零售、批发及生产企业各类经营管理人员（药店经理、药店营业员、药品购销经理、药品购销员、区域经理、医药代表等）的工作内容。

本书编写人员具体分工如下：第一部分由吴杰老师编写；第二部分由张福玲老师编写；第三部分由赵琦老师编写；第四部分中管理的基本原理与管理方法由赵迎春老师编写，其余由孙丽冰老师编写。全书由孙丽冰老师统稿，主审为恩华药业集团杨自亮同志。

在本书编写过程中，得到了原国家医药管理局科教司苏怀德教授的指导，得到了江苏省徐州医药高等职业学校副校长王质明的大力支持，在此表示衷心的感谢。同时，向徐州润东药业集团赵培琴老师及其同事以及徐州恩华药业集团致以诚挚的谢意！

由于医药商品经营与管理处在不断发展与完善的过程中，再加上编写时间仓促，作者水平有限等诸多原因，教材的内容难免存在不当之处，恳请读者不吝批评指正。

编　者
2006 年 6 月

目　　录

第一部分

药品零售企业经营与管理

药品零售企业简介

药品零售企业是指从药品生产企业或药品批发企业购进药品，直接销售给最终消费者用以防治疾病的机构。药品零售企业习惯上被称为药店，有些国家把药品零售企业叫社会药房。

药品零售企业是我国医疗保健系统的重要组成部分，它是药品流通渠道的中间商，是中间环节的终端。药品零售企业的销售对象是最终的消费者。

我国药品零售企业经营模式主要有以下几种：按照药店性质可分为独立药店经营模式和连锁药店经营模式；按照是否属于医保定点单位可分为定点零售药店经营模式和非定点零售药店经营模式；按照药品的销售形式可分为开架（药品超市）经营模式和闭柜经营模式；按照药品性质可分为处方药柜台经营模式与非处方药柜台经营模式等。随着药品零售市场竞争的不断加剧及我国法律法规的逐步完善，现阶段独立药店经营规模逐渐缩小，非处方药柜台经营日益规范化，网上售药经营模式日益成熟，药品连锁经营呈主流化发展趋势。

主要经营人员的业务管理工作

药店的岗位设置有经理、执业药师（或药学技术人员）、营业员、采购员、配送员、储存保管员、质量管理员、财务统计员、收银员等。现就药店主要经营人员的业务与管理工作进行介绍。

1 药店经理

1.1 药店经理概述

药店经理负责全面的管理工作，必须具备药学或相关专业知识、现代科学管理知识和一定药品经营实践经验，对经营结果负全部责任。药店经理应具有相应的专业技术职称，大中型药店经理应具有药师（含药师和中药师）以上专业技术职称；小型药店经理应具有药士（含药士和中药士）以上专业技术职称。

1.2 药店经理的职责

① 贯彻党的各项方针、政策，认真执行国家有关的政策及法规。
② 制订本药店的销售费用、上缴利税计划，落实各项年度计划。
③ 合理安排各工作岗位人员，以保证各项计划任务的完成。
④ 制定岗位责任制、文明经商条约和服务公约等规章制度，并督促执行。

⑤ 根据有关规定，确定职工的奖金分配。

⑥ 批准权限范围内的药品报损和费用开支，审查药品采购计划。

⑦ 处理经营、服务和管理上出现的特殊问题。

⑧ 组织职工学习国家有关政策和法规、业务技术知识，提高人员素质。

1.3 药店经理的业务管理工作

1.3.1 市场调研

1.3.1.1 市场调研案例：山东新华制药股份有限公司零售药店网络建设市场调研

（1）市场分析 山东省 1995～1999 年人均购买药品变化情况如表 1.1 所示。

表 1.1 山东省 1995～1999 年人均购买药品的变化情况 　　　　单位：元/人

项　　　目	1995 年	1996 年	1997 年	1998 年	1999 年
药品及医疗用品	24.65	34.26	35.07	38.49	39.03
药品	23.87	33.37	33.63	37.81	38.18
医疗用品	0.78	0.89	1.44	0.68	0.85

抽样调查表明，1999 年山东省药品高消费群体人口分布为：0～4 岁占总人口 5.09%，5～9 岁占总人口 6.25%，50～59 岁占总人口 9.91%，60 岁以上占总人口 12.35%。以上药品高消费群体占总人口的 33.6%，药品销售市场具有较大的发展空间。

（2）零售药店网络建设的优势及条件 山东新华制药股份有限公司是化学合成原料药、制剂专业生产企业，具有五十多年的药品生产经验、完善的质量保证体系、覆盖国内外的市场销售网络，拥有一批经验丰富、认真负责的管理、生产、经营人才，建设零售药店网络具有较强的优势。

（3）零售药店网络建设方案 在公司所在地淄博市已建立 5 家药品零售店。到 2002 年底，在山东省内建立药品零售店 35 家左右，主要集中在经济发达的地市以及医疗卫生水平落后的地区。各地市零售药店建设情况如表 1.2 所示。

表 1.2 各地市零售药店建设情况

地 市 名 称	零售药店个数	备　　注
烟台市	3	经济发达,旅游城市,药店数量较少
青岛市	4	经济发达,旅游城市,人口及流动人口较多
济南市	4	经济发达,旅游城市,人口及流动人口较多
潍坊市	4	经济发达,人口较多,药店数量较少
淄博市	3	经济发达,人口较多,为公司所在地
东营市	3	新兴油田城市,收入高,药店数量较少
日照市	3	新兴港口城市,药店数量较少
临沂市	4	人口多,药店数量较少
菏泽地区	4	人口较多,药店数量较少,临近河南省、安徽省,辐射作用强
滨州地区	3	药店数量较少,临近河北省,辐射作用较强

（4）投资预算 每个药品零售店的营业面积控制在 200～300 平方米，进行店面、店内装修，配备柜台、保险柜、计算机、饮水机、沙发、车辆、电话等设施。预计每个零售药店投资 60 万元。根据药店地域分布，设 3 个配送中心，每个配送中心租用约 2000 平方米的仓库，按 GSP 进行仓库改造，配备高位货架、空调、运输车辆、计算机、电话等设施，预计投资 40 万元。购置药品检验设备，建立药品检验室，预计投资 200 万元。零售药店网络建设资金投入预计：药品零售店共投资 2100 万元，配送中心投资 120 万元，投资药品检验室 200 万元，铺底流动资金 1400 万元。

（5）效益预测 市场网络建成后，每年将为公司增加销售收入 2 亿元左右，按全国药品零售业平均销售毛利率 30％计算，将增加毛利 6000 万元，实现净利 2000 万元。通过建设零售药店网络，开拓山东省药品零售市场，新华制药股份有限公司的制剂产品将进一步扩大销售渠道，一方面可增强新华药品的品牌效应，另一方面可扩大制剂产品的销售数量，其间接效益显著。

1.3.1.2 市场调研的内容

药品市场调研是指运用科学的方法，有目的、有计划、系统地收集、整理和分析研究与药品市场有关的信息，提出结论与建议，供营销管理人员分析营销环境，发现机会与问题，作为企业市场预测和营销决策的依据。

药品市场调研可分为资料的收集和分析两部分。前者指收集与企业营销活动有关的各种信息资料情报，包括国家的方针、政策、法令、用户需求、竞争者情况以及本企业各种策略的市场反映情况等；后者指对收集的各种信息资料进行整理、分析，并预测市场发展变化的趋势。

1.3.1.3 市场调研的方法

市场调研的方法如表 1.3 所示。

表 1.3 市场调研方法

方法		内容	
访问法	个人访问（面对面交谈） 入户访问 拦截访问	优点：可当面提问，有很高的应答率；环境可控，可确保应答者独立回答问题；问题程序可控，能按问卷设计结构提问；可取得非语言资料（被访问者仪表、态度、居住情况等）；可记录自发性回答	缺点：费用高、耗时长、难以大面积进行；误差和偏见；被访者情绪烦恼时不易被调整
	电话访问	优点：调研费用低；调查时间相当短；在入户调查越来越难做的情况下，电话调查简单方便，易操作	缺点：不能使用视觉，有一些调查要问到对一些图片、广告或设计的反应；很难让被访问者回答；电话提问的时间过长；难以询问复杂的问题
	邮寄问卷访问	优点：只要求有准确地址，可在很大的区域进行调查；调查对象有充分时间考虑，不易受影响；调查对象对问题的回答更确切；费用较低	缺点：时间太长；调查表的回收率太低
观察法		调查人员直接观察或使用仪器在现场观察调查对象行为的方法 优点：调查对象不被干扰，行为自然表现，可以直观了解调查对象的真实反应 缺点：无法了解调查对象的内心活动及其他一些可以用访问法获得的资料	

方　　法	内　　　容
实验法	把制作好的广告作品在发布前拿到部分消费者中试放、试看、试听,征求意见,及时调整或改进,或把广告商品拿给调查对象试用、试吃,了解反应 优点:实验过程可控,精确度高,结果具有一定的客观性和实用性 缺点:可变因素难以掌握,导致实验结果不易比较、限制性比较大
专家评估法	请有经验的专家根据自己的经验和专门知识,对某一问题做出评估,得出结论 优点:只依赖于专家判断,简便直观 缺点:人数和代表性受限制,易受权威或表达能力的影响
建立联络点调查	选定一些居民家庭,或用户单位,或消费者个人,定期联系,收集调查资料 优点:资料定期汇总,定期报告 缺点:专业性不强,管理困难
通过调查公司搜集第一手原始资料	优点:比较公正、客观 缺点:依托于调查公司,费用较高
个别深度访谈	优点:只要是访问者感兴趣的问题,被访问者都可以自由发表见解和回答问题;资料全面,可信度较高 缺点:对访问者的素质、访问技巧要求较高;样本量小,误差可能较大;访问所得资料难以量化统计
座谈会调查	优点:有效激发人们的思路;能获得大量建议、看法或观点;调查人数多,节省人力、物力、财力,可在短时间内完成调查工作　　缺点:如果调查人数少,误差可能较大;要求主持人有较丰富的经验和组织能力

1.3.1.4　调查公司市场调研的流程

调查公司市场调研的流程如图1.1所示。

1.3.2　药品零售企业的开办

《药品管理法》规定:"开办药品零售企业,申办人应当向拟办企业所在地设区的市级药品监督管理机构或者省、自治区、直辖市人民政府药品监督管理部门直接设置的县级药品监督管理机构提出申请。"药品监督管理机构同意筹建并验收合格后发给《药品经营许可证》,凭《药品经营许可证》到工商行政管理部门办理登记注册。

1.3.2.1　开办药品经营企业必须具备的条件

①　拥有依法经过资格认定的药学技术人员。专业技术职称人员应占药店从业职工总数的30%。大型药店应有执业药师(含执业中药师)或主管药师以上(含主管中药师)或相关专业同级工程技术人员。中型药店应有药师(含中药师)或相关专业同级工程技术人员。小型药店应有药士以上(含药士、中药士或相关专业的同级工程技术人员)及熟悉所经营药品性能、经过培训合格的药工人员。中药饮片调剂复核人员也可由技术等级为高级药工以上人员或连续从事中药调剂工作15年以上人员担任。专业技术人员必须在职、在岗,不得在其他企业兼职。

②　拥有与所经营药品相适应的质量管理机构或者质量管理人员。从事药品质量管理、检验工作的人员应具有药师(含药师和中药师)以上技术职称,或者具有中专(含)以上药学或相关专业的学历。必须经过专业或岗位培训,并经地市级(含)以上药品监督管理部门考试合格,发给岗位合格证书后方可上岗。从事质量管理和检验工作的人员在职、在岗,不得在其他企业兼职。跨地域连锁经营的零售连锁企业质量管理工作负责人应是执业

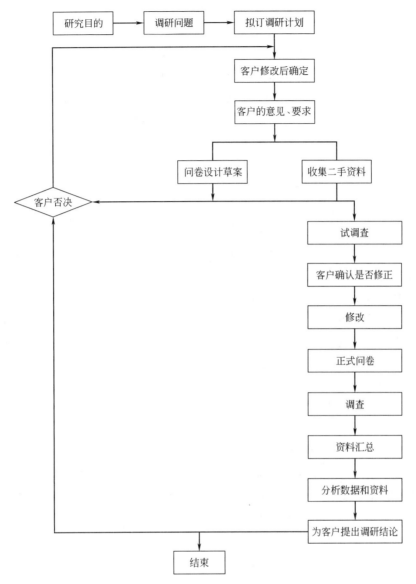

图 1.1　市场调研流程

药师。

③ 拥有与所经营药品相适应的营业场所、设备、仓储设施、卫生环境。用于药品零售的营业场所和仓库，面积不应低于以下标准：a. 大型零售企业营业场所面积 100 平方米，仓库 30 平方米；b. 中型零售企业营业场所面积 50 平方米，仓库 20 平方米；c. 小型零售企业营业场所面积 40 平方米，仓库 20 平方米；d. 零售连锁门店营业场所面积 40 平方米。

④ 具有保证所经营药品质量的规章制度。具有保证所经营药品质量的规章制度是开办药品经营企业并保证药品经营质量的必要条件。主要包括：业务经营质量管理制度；首营药品质量审核制度；药品质量验收、保管养护及出库复核制度；特殊药品和贵重药品管理制度；效期药品管理制度；不合格药品管理制度；退回药品管理制度；药品质量事故报

告制度；质量信息管理制度；质量否决权制度等。

1.3.2.2 企业申请

经营药品零售业务的企业要填写药品经营企业许可证申请表，连同申请报告一起送交所在地的市级或县级药品监督管理机构审查。受理申请的药品监督管理机构应当自收到申请之日起30个工作日内，依据国务院药品监督管理部门的规定，结合当地常住人口数量、地域、交通状况和实际需要进行审查，做出是否同意筹建的决定。

1.3.2.3 审批程序

申办人完成拟办企业筹建后，应当向原审批机构申请验收。原审批机构应当自收到申请之日起15个工作日内，依据《药品管理法》第十五条规定的开办条件组织验收。符合条件的，发给《药品经营许可证》。省、自治区、直辖市人民政府药品监督管理部门负责组织药品经营企业的认证工作。药品经营企业应当按照国务院药品监督管理部门规定的实施办法和实施步骤，通过省、自治区、直辖市人民政府药品监督管理部门组织的《药品经营质量管理规范》的认证，取得认证证书。新开办的药品零售企业，应当自取得《药品经营许可证》之日起30日内，向发给其《药品经营许可证》的药品监督管理部门或者药品监督管理机构申请《药品经营质量管理规范》认证。受理药品零售企业认证申请的药品监督管理机构应当自收到申请之日起7个工作日内，将申请移送负责组织药品经营企业认证工作的省、自治区、直辖市人民政府药品监督管理部门。省、自治区、直辖市人民政府药品监督管理部门应当自收到认证申请之日起3个月内，按照国务院药品监督管理部门的规定，组织对申请认证的药品零售企业是否符合《药品经营质量管理规范》进行认证。认证合格的，发给认证证书。

1.3.2.4 申请办理营业执照的程序

申办人凭《药品经营许可证》到工商行政管理部门依法办理登记注册。申请办理个体工商户营业执照的，要有身份证和工作单位（村委会、街道办事处）出具的职业证明。

办理营业执照的程序一般是申请——审查核准——发照。即申请者首先向当地工商行政管理机关报送开业申请登记表（该表到工商部门领取），然后由工商部门进行审查，审查合格后颁发营业执照。营业执照是营业单位从事生产经营活动的凭证。凭营业执照可以刻制公章、开立账户，在核准登记的范围内从事生产经营活动。

1.3.2.5 药店投资预算

任何投资都是有风险的，投资开办药店也不例外。投资的大小要考虑经营者的承受能力、投资支出及回收能力的大小、资金的盈利等。

（1）投资能力预算　指对投资资金来源和数量的预算。在进行预算时，首先要考虑药店的规模及实际需要，另外应兼顾筹集资金的能力。

（2）投资支出预算　主要包括：租赁或建造店面及药库所需费用；装修店面、购买装饰材料及施工的费用；安装调温、通风和冷藏等设备的费用；配置与经营相适应的货架、橱柜等费用；制作店堂内药品广告的费用；采购药品的费用等。此外，还有施工过程中能源消耗费（水、电等）、开业前的广告宣传费、各种表格和卡片印刷费及其他费用。

1.3.2.6 店面选址

药店的地理位置对日后的经营状况和经济效益影响重大，应尽量选择较繁华、客流量较集中的地段或医院附近和居民生活小区。同时还应考虑到周围环境是否清洁卫生、有无噪声污染、交通是否方便，同时应避开同行过多的地段，以避免过度竞争，还要分析研究这一地段人群的收入状况、人员的结构及对医疗保健的需求状况等，以确定药店的规模和特色。

（1）较大规模药店店面选址　规模较大的药店，应尽量选择在较繁华、客流量集中、交通方便的地段，如大型百货商场、大型超市及大医院附近。此类药店经营的药品应尽量齐全，以满足不同人群对医疗保健的不同需求。

（2）中小规模药店店面选址　在居民小区、厂矿职工宿舍区、文化娱乐场所、旅游景点、车站等附近宜开办中小规模的药店。此类药店主要经营常用中西成药及保健品，也可经营中草药，方便群众就近购买。

（3）特殊人群药店店面选址　在少年宫、儿童乐园或学校附近可开设儿童药店，专门经营各种小儿制剂。在老年人相对集中的区域内，可开设一个老年保健药品商店，专门经营老年病常用药及老年保健品。

（4）连锁药店店面选址　连锁药店作为药店的一种经营模式，可以选择商业活动频繁、人口密度大、交通便利的地区，或采用店中店的形式。连锁药店选址是一个操作性、经验性与科学性都极强的工作，具体实施时需要科学的分析加上理性的判断。

选址应注意以下事项。

（1）选址决策要谨慎。店址选定后，会有大笔资金投入，营业后再更改店址，成本极高。经营的效益受所在地市场状况的影响，其他方面的优势并不能弥补选址失误对企业造成的影响。店址的选择要有前瞻性，要对所在地的发展前景做出评估，要密切注意环境的变化，应特别留心城市建设的发展会带来什么样的变化。如果一家药业连锁企业在营业不久就接到该街道要改造的通知，损失是可想而知的。

（2）连锁药店的立地条件受制于业态。不同的业态有着不同的立地条件。连锁药店的立地条件需便利，且应与超市、购物中心等业态融为一体，要互相协调，形成互补、互用。可以想象，在一条五金店铺林立的街道开设一家连锁药店，效益是肯定不会好的。

（3）注意大环境的变化及位置潜力。与其选择现在被各商家看好的店面位置，还不如选择目前虽未被看好但不久会被炒热的店铺位置。这样的店铺位置费用低，潜在的商业价值大。因此，应特别留意城市建设、政府政策等所产生的影响。

（4）开店方位有讲究。方位是指药店正门的朝向，这与当地气候有关，并受到风向、日照程度、日照时间等因素的影响。在南方城市，面向西的药店会有日晒，在夏季若无空调，会因炎热而不利于顾客进店购物，而安装空调无疑又会增添开支。唯有在店外设立拱廊建筑或遮阳篷布，店内改善通风条件，才能减少不利影响。在北方城市，面向西北的药店较容易受到寒风的侵袭，也不利于顾客进店购药。这些因素都会给药店经营带来很大影响，在选择药店地理位置时要充分注意。

（5）拐角的位置较理想。拐角是指位于两条街道的交叉处，即选择店址时比较流行的说法"金角银边"中的"金角"（"银边"即是指临街店铺），可以产生"拐角效应"。优点是：可以增加橱窗陈列的面积，两条街道的往来人群汇聚于此，有较多的过路行人光顾。但由于药店位置面临两条街，则哪一面作为药店的正门，则成为十分重要的问题。一般的做法是：选择交通流量大的一面作为药店的正门，即店面；交通流量小的一面则作为侧门。

（6）三岔路口是个好位置。药店设在三岔路的正面，店面十分显眼，同样是十分合理的药店位置。但是，处在这一位置的药店应注意尽量发挥自己的长处。药店正面入口处的装潢、店名招牌、广告招牌、展示橱窗等要精心设计，要抓住顾客的消费心理，将过往的行人吸引到药店中来。

（7）三角形店址选择法。三角形店址选择法是指在一个地区开设三家分店并按三角形结构进行布局。此种开设方法首先要测量该地区商圈的范围（可以是一个，也可以是多个。如果是一个商圈，范围必须足够大，消费潜力及能力也要十分大，才有开三家连锁药店的价值。如果是多个小商圈，各个商圈之间要求相距不能太远，这样可以彼此互相接应），然后确定店址。

（8）店面位置处于以下情况应慎选。包括：店面前的地面与路面不平、店面处在斜坡上、门前有障碍物（如树木、立交桥、广告牌等）、处在快车道旁、店面灯光暗淡、地理位置偏低等。

1.3.3　药品的配置

1.3.3.1　药品分类

（1）按功能可分为药品与非药品两大类。药品又可分为非处方药（内服药、外用药）和处方药（内服药、外用药）。非药品又可分为（口服）食品、保健品；（非口服）妆（药妆品）、消（消毒、防腐、杀虫剂等日用百货）、械（医疗器械）、计生用品。

（2）按销售排名分 A、B、C 类。A 类销售额约占 80％；B 类销售额约占 15％；C 类销售额约占 5％。要特别关注 A 类药品，这是药店的主要利润来源。

（3）按药品销售情况和药品的贡献大小分为畅销药品、主力药品、策略药品、基本药品、滞销药品。

对于不同的药品，采取的营销策略各异。

1.3.3.2　药品配置依据

（1）商圈调查　门店属地的市场容量、潜力、竞争者状况等。

（2）消费者调查　商圈内消费者收入、家庭规模结构、购买习惯、对药品的需求内容等。

（3）药店药品策略　有意识突出或培养某类药品、价格策略等。

（4）药店实际状况、是否有品种限制等。

（5）类似成功门店的药品配置　这是最具参考价值的。

1.3.3.3　药品配置的修正

（1）销售情况的分析

（2）滞销药品的淘汰

（3）畅销药品的调整和新药品的导入

（4）药品布置的调整

1.3.4 药店人员的培训管理

药店要制定职工专业知识培训计划，建立职工培训档案。对专业技术人员进行质量法规、专业技术知识的继续教育每年不少于 16 小时。从事质量管理、检验的人员，每年应接受药品监督管理部门组织的继续教育；从事验收、养护等工作的人员及营业员应定期接受本药店组织的继续教育。对新调入药店的新职工，应经过培训后才能上岗。培训内容包括：本药店的各项规章制度、岗位职责、药事法规及业务技术知识等。

1.3.5 药店促销策略

（1）药品陈列　陈列可以塑造药店的形象，良好的陈列会给顾客留下经营管理有方的印象。巧妙的陈列可传递给顾客更多的药品信息，提高药店的档次。陈列有选择功能，可诱导顾客消费。药店通过合理的规划、新奇的构思和精心布置的药品陈列，可以提高药品的销售量。

（2）POP 广告　也称购物点的广告。POP 广告是非处方药品广告在药店的继续，是广告中的基本手段和最初步的技术，也是影响药品销售的重要手段。POP 广告可替代营业员对药品的语言介绍，能引起顾客注意，帮助顾客下定决心，从而提高营业额。

（3）媒介　要根据药店及药品本身的特点而定。处方药只准在专业性医药报刊上进行广告宣传，而非处方药经审批可以在大众传媒上进行广告宣传。

（4）名医坐诊　请名医坐堂，为病人诊断疾病、开处方及解答顾客的咨询，可方便病人，吸引病人购药。

（5）发放社区公众服务卡　可以联络感情，让公众知晓本药店的经营项目和服务内容。

（6）建立医疗咨询服务热线电话　其意义与服务卡相同，但服务对象扩大了，同时可提高药店的知名度。

（7）厂商结合、开展大型义诊　对某些新药，可与厂家结合，请有关专家义诊，以提高药店及新药的知名度。

1.3.6 提高药店营业额的方式

通过增加老顾客的购买量和吸引新的顾客来提高营业额。关键是彻底调研清楚药店的目标消费群体是哪些人，他们有什么需求，购买习惯、购买品种和购买结构如何等。具体有以下几种经营思路与方法。

① 建立顾客数据库，培养忠诚顾客。把顾客按照购买量和购买频率分成三类，采取变通的营销促销手段区别对待。具体分为：A——忠诚顾客，B——一般顾客，C——路过散客三大类。要特别关注在药店商圈内的回头客，要通过系列服务来进行培养，从而使其继续忠诚购买。总体来说，培养一个忠诚顾客所花的成本比吸引一个顾客的成本低4～5倍。

② 通过价格和服务竞争留住 A 类顾客。这里 A 类顾客是指经常性购买的老顾客，主要是一些老年人或患慢性疾病需要长期用药的顾客，如高血压、糖尿病等病人以及熟悉该

11

药店营业员、产品以及价格的人群。提高其购买量的主要方法有：价格折扣、习惯用药、指导组合用药，通过薄利多销、送货上门等手段留住老顾客。对长期用药的人群，要从帮其省钱的出发点来经营，这样可培养他们的忠诚度。这群人中有一部分是老人，他们有的是时间，价格高或者服务不好，就可能失去这群顾客。

③ 扩大商圈覆盖面积和药品种类吸引 B、C 类顾客。印刷精美画册或者彩色单页，介绍药店及其特色，并把宣传资料送到药店商圈尽可能大的范围。通过优选品种结构，使药店品种齐全，让 B 类消费者来两三次就知道，想买的药品这里都有。由于柜台空间有限，优选就成为关键。例如，清热解毒降火类中药，只销售其中最有名的几种即可，没有必要20 多种都摆上柜台。为了提高营业额，可以增加贵重进口药品的经营，尤其是对于 C 类顾客，可以推荐一些价值较高的药品。

④ 经常推出新药和新的医疗保健药品或方法吸引新的顾客。通过小卡片介绍新药并指导用药或介绍老药新用法。一直保持有新药推出，保持新药推荐是药店有活力、吸引人的关键。

⑤ 争取成为医保定点药店。定点药店意味着长期持久的销售，在药品质量、价格、服务上具有优势。或者争取成为附近一家医院的第二药房。该医院的特色门诊用药药店都应该有，价格应该比医院明显便宜。对于一些新特药，可以先进入药店，借助医生的处方实现销售。

⑥ 药店布置应减少商业气息，增加对商圈内顾客的人文关怀。在布置上加强药店的用药指导、购药指导、保健指导，尤其是安全用药指导、医药知识普及等。例如，我国抗生素滥用比较严重，药店可以制做墙报、立牌和店内墙体宣传物，进行医药科普知识的宣传。

⑦ 增加健康、美容类日用品的销售，如保健品、化妆品、体育用品，也可以经营健康食品。这不仅可以增加营业额，更重要的是可以促进药品销售额的提高。

⑧ 提供义诊和医疗器械的免费使用。医疗器械的免费使用，可以吸引所覆盖的商圈或社区内的消费人群，扩大和保持顾客群。药店可以和厂家联合，由他们来请医生或者专家，药店只要免费提供场地、桌椅和茶水即可。药店也可配备驻店医师，免费诊疗，一般顾客都会在该药店购买药品的。

⑨ 形成某类药品的专科特色药店。在经营一般药品的同时，还要有意把商圈内销售最好的一类药品作为特色，扩大该类药品的品种，增加选择范围，培养营业员成为该类疾病和药品的"专家"，给顾客真正有意义的用药指导，并定期介绍国内外相关疾病的治疗和用药状况。

⑩ 把营业员培养成药品和常见疾病的"专家"。药品的销售具有以医带药、准顾客多、对服务语言要求特殊等特点。因此，首先，要经常进行营业员医药知识教育和考试，尤其是药品使用和储藏知识的教育。其次，要实现销售业绩、服务质量和奖励真正挂钩，设置消费者可以方便评价营业员服务质量的指标和评价办法。最后，进行销售技巧的培训与比赛。

⑪ 经常开展主题宣传活动。根据不同气候、节气和节假日、3 个黄金周，推出不同的健康主题宣传活动，使之成为吸引客源的一种常规方法。

⑫ 做好内部管理，保证产品不断货。销量的大小与产品是否断货有直接关系，尤其是 A 类顾客经常购买的品种，一旦断货，就意味着顾客可能转而购买竞争对手的药品了。因此，一定要掌握一些常见药品的周销量或月销量，保证不断货。

⑬ 紧跟广告，销售流行药品。注意订阅一份当地主要报纸，新药广告一登出，马上就联系经销单位进货，并用告示牌告知顾客。

1.3.7 信息管理

1.3.7.1 药品连锁企业信息化进程

药品连锁企业的信息化应该分成 3 个阶段。第一个阶段是信息化改造阶段。这个阶段应该把成本降低，要能够保证系统由手工转向机器操作。第二个阶段是部门管理向流程管理的转变阶段，业务范围可以进一步扩大。第三个阶段是企业内部信息化转变为电子商务的阶段，系统开始进行外扩。就医药流通行业来说，其标准是 GSP，即《药品经营质量管理规范》。它是控制药品在流通环节可能发生质量事故的所有因素，从而防止质量事故发生的一整套管理程序和管理标准。从本质上说，信息化需要从前端的各个环节一直贯穿到企业内部的各个部门。

2001 年初，同仁堂集团出资 1000 万组建同仁堂连锁药店。同年 3 月，同仁堂连锁药店开始采用佳软公司的"协力商霸"（医药连锁管理系统）。2001 年 7 月进行公开招标后，同仁堂最终确定全面引入佳软公司的"协力商霸"管理系统及其解决方案，由佳软公司提供安装、测试，并在今后 5 年内免费提供升级、维护服务，合同涉及金额达 1000 万元。2005 年 6 月，北京的 42 家同仁堂药店全面完成了信息化改造。北京同仁堂连锁药店总经理李国盛表示："信息化让同仁堂连锁彻底脱离了传统的管理方式，向更先进的、更有竞争力的现代企业的管理方式变革。"同仁堂连锁药店副总经理王盛宇的描述比较具体："一个 400 平方米的货仓存放了 3000 多种药，过去只能凭借管理员的经验和记忆来找药，常常三四个人也会出现找不到药的情况，现在是 4000 平方米的货仓、上万个品种的药品，一个人就能很准确地找到了。因为现在在管理系统中采用了货位观念，大大降低了成本。"此外，同仁堂连锁药店还发生了更多变化：对过去企业的采购员的工作实行了合同管理，对采购的价格、厂家都输入数据库进行统一管理；对药品保质期的管理实行电脑自动预警等。

1.3.7.2 连锁/零售药店药品信息管理系统功能简介

（1）出入库管理子系统　出入库管理子系统记录药品出入库和柜台销售等详细信息，形成药品总账和明细账，提供财务报表及销售明细报表等，及时进行各类金额统计汇总。

系统主要包括四大功能版块：日常账务处理、查询及打印、统计与分析、系统维护。

① 日常账务处理：入库处理（含普通入库和临时入库）；柜台领药（含普通出库和临时出库）；柜台收费及收银员收费；销售退货、柜台退货及隔离退货处理；调价、盘盈、盘亏、调整及报损处理。

② 查询及打印：药品总账及出入库明细表、药品效期及调价明细表；财务报表及各部门领药金额汇总表；药品出入库单及新药通知单；盘存对账表；药名代码表及价目索引表；供货单位扣率表及统计表；GSP 标准报表（提供药品验收记录、在库养护记录、退

调药品处理记录、不合格药品处理记录、近效期药品催销及温湿度记录共 6 类）；柜台统计表及销售明细表；首营企业及品种审批表以及处方药品销售单。

③ 统计与分析：提供药品分类统计、进出药品资金排序、药品使用情况统计及供药商统计等各类统计分析功能。

④ 系统维护：提供药品总账、出入库明细账的修改及月结、年更新、数据备份及恢复等日常系统维护功能。

（2）出入库检验子系统　专供负责财务审核的药品会计使用，提供出入库单的核对校验功能。出入库管理中的一切出入库处理结果，均需经过检验才能转入数据库。

（3）初始化子系统　指将手工账本上的各项数据一一输入计算机，建立计算机内的账本和财务信息的初始数据。主要包括五大功能版块：建立计算机账页、领发单位代码设置、初始系统参数设置、各类人员权限及质量外观内容设置、药品的各种分类代码设置。

（4）采购管理子系统　可用于日常药品采购计划的制订以及采购清单的打印，并可对药品进行上下限库存设置和提示。另外，系统还提供预算金额使用情况以及向各供货单位订货情况等查询功能，以便采购管理。

2　药学技术人员

2.1　执业药师

执业药师（licensed pharmacist）是指经全国统一考试合格，取得《执业药师资格证书》，并经注册登记，在药品生产、经营、使用单位中执业的药学技术人员。2005 年底，全国共有 129507 人通过国家执业药师考试。

国家食品药品监督管理局（SFDA）规定，凡从事药品生产、经营、使用的单位均应配备相应的执业药师，并以此作为开办药品生产、经营、使用单位的必备条件之一。对取得《执业药师资格证书》者，须按规定向所在省（区、市）药品监督管理局申请注册。经注册后，方可按照注册的执业类别、执业范围从事相应的执业活动。未经注册者，不得以执业药师身份执业。经批准注册者，由各省、自治区、直辖市药品监督管理局在《执业药师资格证书》中的注册情况栏内加盖注册专用印章，同时发给国家药品监督管理局统一印制的《执业药师注册证》，并报国家药品监督管理局备案。执业药师只能在一个省、自治区、直辖市注册。执业药师变更执业地区、执业范围应及时办理变更注册手续。执业药师必须遵守职业道德，忠于职守，以对药品质量负责、保证人民用药安全有效为基本准则。

执业药师在执业范围内负责对药品质量的监督和管理，参与制定、实施药品全面质量管理，对本单位违反规定的行为进行处理。执业药师负责处方的审核及监督调配，提供用药咨询与信息，指导合理用药，开展治疗药物的监测及药品疗效的评价等临床药学工作。

① 销售处方药和甲类非处方药的零售药店必须配备驻店执业药师（或药师以上的药学技术人员）。执业药师证书应悬挂在醒目易见的地方，执业药师应佩戴标明其姓名、技

术职称等内容的胸卡。

② 驻店执业药师必须对医师的处方进行审核，签字后依据处方正确调配、销售药品，处方不得擅自更改或代用。对有配伍禁忌或超剂量的处方应当拒绝调配、销售，必要时经处方医师更正或重新签字，方可调配、销售。

③ 执业药师应对病患者选购非处方药提供用药指导或提出寻求医师治疗的建议。

④ 负责对购进药品进行检查验收，把好药品购进、验收、储存、养护、销售 5 个关键环节。

SFDA 规定，对未按规定配备执业药师的单位，应限期配备，逾期将追究单位负责人的责任，同时也规定了执业药师的权利。

① 执业药师必须遵守职业道德，忠于职守，以对药品质量负责、保证人民用药安全有效为基本准则。

② 执业药师必须严格执行《药品管理法》及国家有关药品研究、生产、经营、使用的各项法规及政策。执业药师对违反《药品管理法》及有关法规的行为或决定，有责任提出劝告、制止、拒绝执行，并向上级报告。

③ 执业药师在执业范围内负责对药品质量的监督和管理，参与制定、实施药品全面质量管理，对本单位违反规定的行为进行处理。

④ 执业药师负责处方的审核及监督调配，提供用药咨询与信息，指导合理用药，开展治疗药物的监测及药品疗效的评价等临床药学工作。

申请执业药师（执业中药师）注册的人员，必须具备下列条件。

凡中华人民共和国公民和获准在我国境内就业的其他国籍的人员具备以下条件之一者，均可申请参加执业药师资格考试。

① 取得药学、中药学或相关专业中专学历，从事药学或中药学专业工作满 7 年。

② 取得药学、中药学或相关专业大专学历，从事药学或中药学专业工作满 5 年。

③ 取得药学、中药学或相关专业大学本科学历，从事药学或中药学专业工作满 3 年。

④ 取得药学、中药学或相关专业第二学士学位、研究生班毕业或取得硕士学位，从事药学或中药学专业工作满 1 年。

⑤ 取得药学、中药学或相关专业博士学位。

执业药师考试成绩合格。具体考试科目为：药事法规、药学综合知识与技能或中药学综合知识与技能、药学专业知识（一）或中药学专业知识（一）、药学专业知识（二）或中药学专业知识（二）。

2.2 从业药师

2002 年 4 月 18 日，国家药品监督管理局发出《关于在药品经营企业实行从业药师资格认定工作有关问题的通知》，将药品经营企业从业药师资格认定工作下放到省级药品监督管理局。

通知指出，国家药品监督管理局不组织全国统一考试进行药品经营企业从业药师资格认定，由各省（区、市）药品监督管理局在本辖区组织省级统一考试，进行认定。药品经营企业从业药师资格考试各科目试卷由各省（区、市）药品监督管理局按照国家药品监督管理局确定的考试原则和命题组卷标准要求在应试指南的综合练习题中选择确定。考试日期定在每年 9 月，报名时间定在每年 5 月。各科目考试时间为 120 分钟，两个科目的考试安排在 1 日内进行。考试具体安排方案由各省确定。药品经营企业从业药师资格考试应试指南由国家药品监督管理局执业药师资格认证中心编写完成，包括药事法规、药学综合知识与技能和中药学综合知识与技能。各科目应试指南均含 3 部分内容，分别为考试大纲、应试内容和综合练习题。

药品经营企业从业药师资格考试的申报条件为：在药品经营企业工作，按照国家有关规定取得主管药师或药师专业技术职务资格的人员，均可申请报名参加全国统一考试认定从业药师资格。申报程序如下。

① 符合申报条件的人员，可向所在地地、市级药品监督管理局申报。申报者须提供以下材料：从业药师资格认定申请表、专业技术职务资格复印件、身份证明文件复印件、近期免冠半身照片 2 张。

② 地、市级药品监督管理局对申报材料进行审核，同意后报省、自治区、直辖市药品监督管理局审批。

③ 各省、自治区、直辖市药品监督管理局对申报人员按规定程序和申报条件审批同意后，发给准考证。

④ 应考人员自主选择是否参加考前培训。各级药品监督管理局负责考前培训的组织和管理工作。

考试内容包括：①取得主管药师专业技术职务资格的人员，参加国家药品监督管理局组织的药事法规科目考试；②取得药师专业技术职务资格的人员，参加国家药品监督管理局组织的药事法规、药学（中药学）综合知识和技能两个科目的考试。

2.3 驻店药师

2004 年 10 月 13 日，广东省根据本省执业药师数量不足，不能满足药品生产、经营、使用单位需求的实际情况，为配合药品分类管理制度的实施和 GSP 认证及换发《药品经营企业许可证》等工作的开展，根据《中华人民共和国药品管理法》及国家人事部、国家药品监督管理局《关于修订印发〈执业药师资格制度暂行规定〉和〈执业药师资格考试实施办法〉的通知》的精神颁布了《广东省驻店药师资格制度暂行规定》，首次引入"驻店药师"这一概念。

规定指出，驻店药师作为一种过渡性药学专业资格，在有效期内，鼓励参加全国执业药师考试，取得资格后可转为执业药师。驻店药师对象，是指在各种所有制事业、企业单位的药学（中药学）专业技术岗位上工作，取得药学（中药学）或相近专业规定学历的中国公民和获准在广东省境内就业的其他国籍人员。凡个人报名，经单位对其政治表现及专业技术工作的能力、水平考核，并参加省组织的相关基础理论知识考试，考核、考试均合格且学历、资历符合规定者，可认定驻店药师资格。

学历、资历条件符合下列条件之一者，可申报考核认定驻店药师资格。

① 取得药学（中药学）或相关专业中专学历，从事药学（中药学）专业工作满 4 年。

② 取得药学（中药学）或相关专业大专学历，从事药学（中药学）专业工作满 2 年。

③ 取得药学（中药学）或相关专业本科学历，从事药学（中药学）专业工作满1年。

2.4 药店质量管理员

药店质量管理员（简称质管员）由相应的药学技术人员担任。质管员除在药店经理领导下工作外，还直接向上级质量主管部门负责。

质量管理员的职责如下。

① 对购入药品进行验收和质量把关，凡不符合质量规定的药品，有权并有责任提出拒绝收货。

② 在验收时发现有疑义的品种，经本人或与店内其他质管员研究仍不能确定其真伪时，负责将其送上级质量主管部门鉴定。

③ 对鉴定为伪劣药品的，负责执行停止出售，听候上级质量主管部门处理。对已售出的伪劣药品，负责采取措施，及时追回。

④ 在执行药品质量管理工作中受到阻挠或干扰时，有权并且有责任越级向上级质管部门申述。

3 药店营业员

3.1 药店营业员概述

药店营业员负责柜台药品销售、开票工作。由于处于第一线，直接与顾客接触，对顾客购买哪种药品影响力最大，是药店促销活动必须重视的岗位。

3.2 药店营业员的职责

① 热情接待顾客，诚实地向顾客介绍药品，做好药品零售工作。

② 做好处方调剂工作，严格执行审方、划价、计算、收款、配药、复核、包装和发药一整套处方调剂工作规程。

③ 做好药店营业销售的内务管理，使之与其他工作衔接紧密。

每天药店开门营业前，营业员要做好验柜补货。对于常用药，要补充加足；对于非常用药，也应备到至少一天的量。营业员下班时，应结算好销售账目，清点销售货款。有专职收款员的药店，由收款员负责结账、点款；无专职收款员的，清点款项时必须有两名营业员在场。

3.3 药店营业员的基本素质

有句名言是："推销商品之前要先推销自己。"说的是在介绍商品之前必须先展示自我。药店营业员必须具备良好的个人素质，只有这样才能取得好的销售成绩，概括起来有以下几个方面。

（1）服务态度

① 热诚。要始终以方便顾客、服务顾客为出发点，充满热诚地为顾客服务。

② 微笑。要自始至终面带微笑。

③ 心胸宽阔。不能因为顾客的某些不雅言行而耿耿于怀，言语间针锋相对。

（2）职业仪表

① 服饰美。服饰应为统一工装，平时应勤换洗，保持整洁大方。

② 修饰美。应随时保持外貌的整洁，头发、指甲应经常修理，保持清洁，发型应大方得体，不应佩戴婚戒以外的其他饰物，女营业员应化淡妆。

③ 举止美。应保持端庄的站姿，行走轻快、举止敏捷；不应做出扭腰、斜肩、叉腿等不雅姿势。

④ 情绪美。应随时调整自己的情绪，不因个人情绪影响工作态度，始终保持工作热情。

（3）药品知识　包括药品的分类、用途、特点、价格、产地等，同类药品的特点、优劣对比，适用人群；临床常见病诊断用药；药物配伍禁忌和不良反应；药物的服用方法等。

（4）语言技巧　说话应诚恳，实事求是，不能夸大其词，要留有余地。应尽量避免使用绝对、肯定等极端词语。注意某些禁忌用语，如瘦、胖、老、黑等。

（5）了解顾客的心理　所谓顾客心理，是指顾客在购买过程中的内心活动。它对顾客的购买行为起关键性作用，常言道，"知己知彼，百战不殆"。营业员在具备了基本条件后，下一步就是要了解顾客的心理。

3.4　药店营业员的业务工作

3.4.1　药品陈列

药品是一种特殊的商品。药品陈列是一种 POP 广告。药品陈列是以药品为主题，来展示药品，突出重点，反映特色，以引起顾客注意，提高顾客对商品了解、记忆和信赖的程度，从而最大限度地引起顾客的购买欲望。药品陈列具有 POP 广告共有的优点，还可以方便顾客，也是保管药品的重要手段。因此，药品陈列工作的好坏是衡量服务质量高低的重要标志。药品配置后，通过药品陈列实现销售的目的。

3.4.1.1　陈列的基本原则及要求

（1）陈列货架标准化　对于封闭式销售来说，典型售货柜台及货架既要便于各种身材顾客的活动，又要便于普通身材营业员的活动。因此，柜台一般高度为 90～95 厘米，宽度为 46～60 厘米；货架宽度一般为 46～56 厘米，高度不应超过 160～183 厘米；营业员活动区域宽度为 76～122 厘米；顾客活动区域宽度为 45～610 厘米。考虑到有的顾客需坐着挑选，而营业员需站着服务，陈列柜的高度可降至 86～91 厘米。

（2）按《药品经营质量管理规范》（GSP）的要求陈列　药品应按剂型或用途以及储存要求分类陈列和储存（"四分开"原则）。即药品与非药品应分开存放；内服药与外用药应分开存放；性能互相影响或易串味的药品与一般药品应分开存放；处方药与非处方药应分柜摆放。特殊管理的药品应按照国家的有关规定存放。

（3）体现企业及门店风格　药品陈列应与企业文化、门店环境、整体气氛保持一致，突出企业特色，树立企业形象。从而使顾客无论是否得到"有形"商品，均能得到"无形"商品，即顾客对门店及企业的良好感觉，提高"回头率"。

（4）醒目原则　对于开架销售来说，药品大、中、小分类应清晰、合理，使顾客进入店内很容易找到药品的陈列位置。药品陈列位置尽可能设置在顾客易于看见的地方，不宜太高或太低。附加文字说明，不仅可用来阐述药品的有关事实，如价格、产地、原料、规格、名称、用途等，而且还是药品陈列创意的说明和对陈列的进一步解释。文字说明要精炼，要使顾客能顷刻间了解并记忆下来，在阅读后回味无穷，难以忘怀，并能转化为直接的购物行为。

（5）方便原则　现代人生活节奏快，时间观念强。对于开架销售来说，药品陈列要方便顾客找寻药品，为顾客提供一种或明或暗的有序的购物引导。速购药品放在最明显、最易选购的位置，如药店入口附近；选购药品摆放在比较安静、不易受到打扰、光线充足的位置上，便于顾客仔细观看，慢慢挑选；特殊药品，如名贵、高档药品，可以摆放在距出售一般药品稍远、环境幽雅的地方，以显示药品的高档贵重，满足顾客的求名心理。药品陈列位置应适中，便于取放，不要将药品放在顾客手拿不到的位置。放在高处的药品即使顾客费了很大的劲拿下来，如不满意也很难再放回原处，影响顾客的购物兴致和陈列布局的美观性。

（6）安全性原则　对于开架销售来说，药品陈列要安全稳定，排除倒塌现象。体积大、分量重的一般放于货架下部，而体积小、分量轻的应放在上部。这样既可避免头重脚轻造成顾客视觉上的不舒服，又有利于保护陈列器具。药品堆叠高度适度可以避免药品被破坏，或砸伤顾客。

（7）满陈列原则　药品陈列种类与数量要充足，以刺激顾客的购买欲望。药品品种丰富是吸引顾客、提高销售额的重要手段之一。品种单调、货架空荡的药店，顾客是不愿进来的。因此，要及时补货，避免出现"开天窗"的现象。

（8）整洁美观原则　陈列的药品要整齐、干净，有破损、污物、灰尘、不合格的药品应及时从货架上撤下来。每种药品都有其优点，药品陈列应设法突出其特点。大胆采用多种艺术造型、艺术方法、运用多种装饰衬托及陈列器具，使陈列美观大方。

（9）先进先出、先产先出的原则　药品按照效期或购进记录进行销售。药品效期或购进记录在前，优先陈列，易变质药品也应放在货架前端优先推荐。

（10）关联性原则　将功能相同的药品放在一起陈列。

3.4.1.2　药品开架销售陈列的技巧

药品陈列要能诱导顾客的购买欲望和动机，满足顾客的购买心理。顾客购买心理有以下8个阶段的诉求，即注意、兴趣、联想、欲望、比较、信心、购买、满足。通过陈列调节顾客心理，最终达到顾客满意，有利于药品的销售。

（1）集中陈列　按药品规格大小、价格高低、等级优劣、花色繁简、使用对象、使用价值的关联性、品牌产地等顺序进行陈列，便于指导顾客选购。应遵循规格由大到小，价格由贱到贵，等级由低到高，花色由简到繁、由素到艳的顺序，也可按使用对象（如老人用药、小儿用药、妇科用药）等进行陈列。可采用纵向分段陈列，即将货架纵向分成若干段，每段陈列不同的药品，以表现出药品的色彩调节作用，给顾客以品种多的感觉。此外，还可进行横向分段陈列，即每层陈列不同药品，以突出中间段的药品。当然，也可将两种方式结合起来。

（2）特殊陈列法

① 橱窗陈列。利用药品或空包装盒，采用不同的组合排列方法展示季节性、广告支持、新药品及重点销售的药品。

② 专柜陈列。按品牌设立，将同一厂商的各类药品陈列在同一专柜，如史克专柜、立达专柜；按功能设立，将功能相同或相关联的药品陈列在同一专柜，如男性专柜、减肥专柜、糖尿病专柜。

③ 利用柱子的"主题式"陈列。一般而言，柱子太多的店铺会导致陈列的不便，但若将每根柱子作"主题式"陈列，不但形式特别，而且还能营造气氛。

④ 端架陈列。指利用双面的中央陈列架的两头进行陈列。展示季节性、广告支持、特价药品以及利润高的药品、新药品、重点促销的药品。端架陈列，可进行单一、大量的药品陈列，也可几种药品组合陈列于端架，展示的药品在货架上应有定位。

⑤ 分段陈列。上段陈列希望顾客注意的药品、推荐的药品、有意培养的药品；中段陈列价格较便宜、利润较少、销售量稳定的药品；下段陈列周转率高、体积大、重的药品或需求弹性低的药品。

⑥ 黄金位置的陈列。黄金段为人最易看到、最易拿取的位置。中等身材的顾客主动注视及伸手可及的范围，约从地板开始60～180厘米，这个空间称为药品的有效陈列范围。最易注视的范围为80～120厘米，称为黄金地带。这个空间可用于陈列重点推荐的药品，如高毛利率、需重点培养、重点推销的药品以及自有品牌药品，独家代理或经销药品、广告药品。

⑦ 量感陈列。包括堆头陈列、多排面陈列、岛型陈列等。量感陈列可使消费者产生视觉美感和"便宜"、"丰富"等感觉，从而刺激购买欲望。它分为规则陈列和不规则陈列两种。规则陈列是将药品整整齐齐地码放成一定的立体造型，药品排列井然有序，通过表现药品的"稳重"，使顾客对药品的质量放心，扩大销售。不规则陈列，则是将药品随意堆放于篮子、盘子等容器里，不刻意追求秩序性。这种陈列给顾客一种便宜、随和的印象，易使顾客在亲切感的鼓舞下触摸、挑选药品。适于量感陈列的药品包括：特价药品或具有价格优势的药品、新上市的药品、新闻媒介大量宣传的药品。对于采用量感陈列的药品，在卖场药品数量不足时，可在适当位置用空的包装盒做文章，设法使陈列量显得丰富。

⑧ 质感陈列。着重强调药品的优良品质特色，以显示药品的高级性，适合于高档、珍贵的药品。质感陈列的陈列量极少，甚至一个品种只陈列一件。主要通过陈列用具、灯光、色彩的结合，配合各种装饰品或背景来突出药品特色。

⑨ 集中焦点的陈列。利用照明、色彩、形状、装饰制造顾客视线的集中。顾客是药品陈列效果的最终评判者，陈列应以视线移动为中心，从各种不同的角度，设计出吸引顾客、富于魅力的陈列法则，并且将陈列的"重点面"面向顾客流量最多的通道。

⑩ 突出陈列法。将价格相差较大、不同厂家的同类药品放在一起。陈列时着重突

出某一种或几种药品，其他药品起辅助性作用。着重陈列的药品有：药店的主力药品，流行性、季节性药品，反映药店经营特色的药品，名贵药品等。这些药品或者应占用较大比例的陈列空间，或者要用艺术手法着重渲染烘托气氛，或者陈列于比较显眼的位置上。

⑪ 悬挂式陈列。将无立体感的药品悬挂起来陈列，可产生立体效果，达到其他特殊陈列方法所没有的效果。

⑫ 除去外包装的陈列。瓶装药品（如口服液等）除去外包装后的陈列，使顾客对药品的内在质地产生直观的感受，激发购买欲望。

科学的、独具匠心的药品陈列形式，可以使药品具有生命力和自我推销的能力。因此，需掌握药品各种陈列类型，广拓思路，进行灵活、综合运用，以收到良好的效果。

3.4.2 药品的柜台销售

3.4.2.1 药品销售技巧

柜台销售技巧从掌握顾客心理开始。消费者在购买动机驱动下步入药店，从对药品的选择、评价到购买，在心理上大致要经历以下 8 个阶段。

（1）观察阶段 消费者跨入店门前及进入门店后，通常都会有意或无意地环视一下药店的门面、橱窗、货架陈列、营业厅装饰、环境卫生以及营业员的仪表等，初步获得对店容店貌的感受，这个阶段为观察阶段。

根据进店意图的不同，一般可将消费者分为 4 类。第一类是有明确购买目标的确定型顾客。这类顾客进店迅速，进店后目光集中，脚步轻快，迅速靠近货架或药品柜台，向营业员开门见山地索取货样，急切地询问药品价格，如果满意，会毫不迟疑地提出购买要求。第二类是有一定购买目标的半确定型顾客。这类顾客有购买某种药品的目标，但具体选购什么类型以及对药品的功效不是很清楚。进店后一般会认真巡视，主动向店员询问各种药品的功效及用途。第三类是难为情的顾客。这类顾客通常有某种特殊购买目的，但对应该买什么药品却没有主意，又羞于向营业员询问。这类顾客通常四周巡视，在店内滞留很久而又不提出任何购买要求或进行咨询。第四类是以闲逛为目的的随意型顾客。这类顾客进店没有固定目标，甚至原先就没有购买药品的打算，进店主要是参观、浏览，以闲逛为主。

（2）兴趣阶段 有些消费者在观察药品的过程中，如果发现目标药品，便会对它产生兴趣。此时，他们会注意到药品的质量、产地、功效、包装、价格等因素。当消费者对一件药品产生兴趣后，他不仅会以自己主观的感情去判断这件药品，而且还会加上客观的条件，以作合理的评判。

（3）联想阶段 消费者在对兴趣药品进行研究的过程中，自然而然地产生有关药品的功效以及它可能满足自己需要的联想。联想是一种由当前感知的事物引起的对与之有关的另一事物的思维的心理现象，消费者因兴趣药品而引起的联想能够使消费者更加深入地认识该种药品。

（4）欲望阶段 当消费者对某种药品产生了联想之后，他就开始想购买该种药品了。但是这个时候他会产生疑虑，这种药品的功效到底如何呢？还有没有比它更好的药品呢？

这种疑虑和愿望会对消费者产生微妙的影响，使他虽然有很强烈的购买欲望，但却不会立即决定购买这种药品。

（5）评价阶段　当消费者对药品产生购买欲望以后，随后进行的是对药品质量、功效、价格的评价。消费者会对同类药品进行比较。此时，营业员的意见至关重要。

（6）信心形成阶段　消费者做了各种比较之后，可能决定购买，也可能失去购买信心。这是因为：①店内药品的陈列或营业员售货方法不当，使得消费者觉得无论怎样挑选也无法挑到满意的药品；②营业员药品知识不够，总是以"不知道"、"不清楚"回答顾客，使得消费者对药品的质量、功效不能肯定；③消费者对门店缺乏信心，对售后服务没有信心。

（7）行动阶段　消费者决定购买，并付清货款的行为叫做成交。成交的关键在于能不能巧妙抓住消费者的购买时机。如果失去了这个时机，就会功亏一篑。

（8）感受阶段　购后感受既是消费者本次购买的结果，也是下次购买的开始。消费者如果对本次购买的结果满意，就有可能进行下一次购买。

3.4.2.2　非处方药品销售的基本步骤和方法

根据消费者购买过程中的几个心理阶段，药品销售大体可以分为以下几个步骤。

（1）准备　指等待消费者进店的这段时间。在这段时间里，为了让消费者在最初的观察中得到一个满意的印象，营业员必须遵循以下几个原则。

① 营业员应站在规定的位置上。每个营业员都有一个或数个属于自己看管的柜台。营业员在药店所站立的位置以能够照顾到自己负责柜台最为适宜，同时还要显眼，易为顾客发现，以便随时准备向顾客提供帮助。

② 要以良好的态度迎接顾客。在没有顾客的时候，营业员也应保持良好的站立姿势和饱满的精神状态。最好站在离柜台10厘米远的地方，双手在身前轻握或轻放在柜台上，双目注视大门方向，时刻准备迎接顾客。严禁看报、聊天、吃零食或无精打采等会给顾客带来不愉快感觉的行为。

③ 在天气不好或其他原因导致顾客稀少的时候，不应因无所事事而影响情绪，应安排其他工作，如检查药品、整理与补充货架或清洁货架及柜台。这样，一方面可以稳定营业员的工作情绪，另一方面借以吸引顾客的注意。

④ 营业员应该时时把顾客放在第一位。无论正在做什么，只要顾客一进门，就应放下手头的工作，注意顾客的一举一动，随时为顾客提供服务。

（2）观察顾客，相机接近　所谓观察顾客，是指判断顾客所属类型，以采取相应的接待方法。对于确定型顾客，营业员应该业务熟练，熟知同类药品的价格及摆放位置，对于顾客提出的购买要求，可以迅速而准确地进行取货、报价、包装、收银等操作。对于半确定型顾客，应熟悉各种药品的功效、适用人群及价格，热情介绍、对答如流，必要时转给驻店药师进行处理。对于难为情的顾客，应细心观察顾客主要留意哪一方面的药品，不怕尴尬，大方主动地进行询问及推介，但应注意控制音量，以免引起顾客尴尬。对于随意型顾客，应顺其自然，不主动向顾客询问或推介，应让顾客自然、舒适地在店内浏览，一旦顾客发现兴趣药品，有所示意，应立即上前服务。

所谓相机接近，是指选择适当的时机、阶段去接近顾客。当顾客的视线与营业员相遇时，要主动点头微笑，或说"早上好"、"欢迎光临"等问候语。

当顾客寻找某种药品时，营业员应快步走向顾客，并对其说您需要什么、欢迎光临等。

顾客花较长的时间观察特定的药品，是对此药品产生兴趣的证明，可能很快将心理过程转移到联想过程，此时是招呼顾客的好时机。

顾客观察药品一段时间后抬起头，有两种可能。一是寻找营业员进行询问。此时营业员应把握住这个机会。二是顾客决定不买了，想要离去。此时如果营业员接近顾客，还是有挽回顾客的机会。

当顾客顺路经过，看到货架、柜台或橱窗里的药品停下来时，也是接近顾客的机会。这时一定是某种药品吸引了顾客，如果没有人招呼，顾客极可能继续往前走。因此，营业员千万不能放弃这个接近顾客的机会，应毫不犹豫地招呼顾客，但必须注意到顾客观察的药品，以便做出相应的介绍。

营业员在接近顾客的同时，应注意与顾客保持一定距离。距离太远容易使顾客产生离开的想法，而太近会产生威胁感，会使顾客不安。一般来讲，保持两人双手平举的距离是初次接触最安全和最易令人接受的距离。

（3）推介、展示药品　营业员在适当时机同顾客初步接触成功之后，接下来要做的是药品的推介及展示。目的在于让顾客了解药品种类、功效及价格，同时给顾客一个直观的印象，激发顾客的购买兴趣。此时，为了满足顾客自尊心的要求，应对同类药品从低价至高价进行推介，同时应该熟悉各种药品的功效及适用人群，以便有针对性地向顾客进行介绍。在介绍药品时，必须注意说话的语调和口气，态度应诚恳，介绍要恰如其分、简明扼要、速度平稳，语气应坚定、不容置疑，以坚定顾客的信心。应注意，对药品的功效应实事求是，绝对不能信口开河，夸大其词，以免破坏药店信誉，失去顾客信任。

（4）诱导劝说　对于药品介绍后仍犹豫不决的顾客，应在细致观察顾客的感知反应后进行诱导劝说，一般可采取以下措施。

① 根据顾客对药品不满意的地方进行委婉的诱导说服，使之对自己不满意的理由产生动摇。

② 站在顾客的立场对药品所能产生的作用进行描绘，加强顾客的购买信心。

③ 实在不能使顾客对现有药品满意，不应勉强，否则会使顾客产生抗拒购买的心理。

④ 要抓住时机推介替代性药品，给顾客购买药品提供方便，使其产生服务周到之感，满足顾客求方便、求实惠的心理。

（5）促成交易　在与顾客接触的过程中，要注意掌握最佳成交时机。所谓最佳成交时机，是指顾客购买欲望最强、最渴望占有药品的时机，也就是各方面条件都成熟的时候。当这个时机来临时，顾客的言行表情会发出相应的信号。

信号1：顾客突然不再发问。顾客从一开始起就不断地问各种问题，过了一段时间后突然不再发问，此时顾客正在考虑是否购买，营业员从旁劝说，将促使其购买。

信号2：顾客话题集中于某一种药品。顾客想买某一类药品，营业员会拿出好几种作为比较，当顾客渐渐放弃了其他几种，专注于某一种药品进行发问时，说明顾客已开始形成对此药品的信心。此时，如果营业员稍微劝说，则可能成交。

信号3：顾客征求同伴意见。在营业员作完介绍后，如果顾客征求同伴意见，则表明顾客基本上已有购买的意愿了。

信号4：顾客不断点头。当顾客一边看药品，一边点头时，就表示他对该药品很满意。

信号5：顾客关心药品售后服务。如当顾客提出这种药真能祛除黄褐斑吗，无效可否退款一类的话时，便是成交机会来临的标志。

当有成交的机会，而顾客又犹豫不决时，营业员一定要坚守立场，努力说服顾客。以下是两种促使顾客购买的方法。

① 将介绍的药品逐渐集中在两三个品种上，而把其他都收回去，这样不但可以防止顾客犹豫不决，而且还可以掌握顾客的偏好。

② 注意观察，确定顾客所喜欢的品种。如果营业员能推荐顾客所喜欢的品种，则不仅可以加速成交，还会使顾客对其产生好感。顾客对于喜欢的品种有以下的几种表现：视线焦点会集中在所喜欢的品种上，而对其他品种一带而过；通常将喜欢的品种放在手边的位置，以便随时触摸或与其他品种进行比较。

对于犹豫中的顾客，营业员应采取措施促使其尽快下决心。例如，使用"二选一法"，问顾客"你需要这件或是那件"，而不要问"你要这件吗"；使用动作法，如拿起发票准备填写，或拿塑料袋准备包装；使用感情法，以真诚、恳切的态度打动顾客的心，让顾客觉得你确实是在为他着想，从而下决心购买，如说"这产品真的不错，你可以买小包装的试用一下"之类的话。

（6）成交　当顾客做出购买决定后，营业员应尽快做好以下几项工作。

① 表示谢意与赞许。顾客做出购买决定后，营业员应对其明智行为做出恰当的赞许、夸奖，并表示谢意，增添成交给双方带来的喜悦气氛。

② 包装药品。要求整洁美观，便于携带。包装前应先检查药品包装有无破损，如有破损，应及时调换，并应尽量满足顾客的包装要求。

③ 收取货款。收取货款前一定要再看一次标签，确认价格，接过现金时要说出金额，否则可能遇到麻烦；找钱不能丢到柜台上，而应再数一遍交给顾客。

④ 递交药品。认真检查无误后，按先找钱后递药品的顺序，将药品双手递交给顾客，或帮助顾客放在包装袋里。

（7）成交后欢送顾客　成交之后，应当双目注视顾客，有礼貌地向顾客道别，要微微点头，说："欢迎您来"、"谢谢您，请下次光临"等。这样才能使顾客在整个购买过程中始终处于心情愉快的气氛里。

4　药品采购员

4.1　药品采购员概述

药品采购员负责药品的采购，按药库管理计划采购所需品种，保证所经营的品种不入为断档。在具体实践中，采购新品种时，药品采购员一般按经理指示或柜组长建议并报经理审查批准，如果是连锁分店，一般要负责与总店协调进货事宜。

从事药品采购人员均需具有高中以上文化水平，需经过专业岗位培训，并经地市级（含）以上药品监督管理部门考试合格，取得岗位合格证书后方可上岗。

4.2 药品采购员的职责

① 根据市场需要、季节特点、病疫情况以及结合库存余缺编写进货计划，报经理审查同意后进行采购。平时采购则根据仓库及营业柜台缺货品种临时补充。

② 加强采购工作的计划性，消灭人为脱销和防止盲目购药。要坚持下列购药原则。a. 常用药品，要备足货源；非常用药品，适当控制数量；对于极少使用的药品，要保证少量库存。b. 以保证顾客需要为最大前提，尽量做到品种齐全，增加顾客欢迎的品种，方便群众。c. 在保证药品供应的同时，管好、用好采购资金，尽量避免药品积压。d. 严把质量关，做到不符合质量要求的药品坚决不进，以保证顾客用药安全有效。

③ 多方听取顾客对药品的需求意见，收集信息，积极为顾客提供质量高、疗效好、价格合理的药品。

④ 对购进的药品，如验收时发现质量或数量不符，负责向原进货单位提出退货或索赔。

⑤ 注意收集药品供销信息、货源信息、价格信息及质量信息，做到心中有数，便于更好地开展采购工作。

⑥ 负责购进药品的提运，以保证药品及时运回。

4.3 药品采购员的业务工作

4.3.1 采购计划

（1）药品采购计划 包括拟采购药品的品种、数量、规格、生产厂商、供应商、购入价格等。按需购进，并以质量为依据，贯彻质量否决权制度。业务部门会同质量管理机构进行审核。

（2）基本药品计划 根据近2个月的使用量、库存量、季节的变化，考虑一些突发因素，由药库管理人员制订月使用计划。该计划每月产生1～2次。

（3）新特药品的采购计划 首次少量购进，3个月后根据用量的多少，或并入基本药品的采购计划，或予以退货、淘汰该药品。特殊保健和特别用途的指定药品，根据其用量一次性购入，用完不继续采购。

药品采购组对所产生的药品计划进行检查、分配。其原则是：以需订购、以购促销、注重质量、加强核算、勤进快销、进销结合、协调利益，并保持其连续性、稳定性。

4.3.2 进货管理

4.3.2.1 购进药品的基本条件

购进药品的基本条件是：符合法定的质量标准；有批准文号和生产批号、《进口药品注册证》、《进口药品检验报告书》或进口药品通关单复印件和注册商标样品；包装、标签、说明书和标识清晰、规范；中药材标明产地，制定进货程序。

4.3.2.2 进货质量评审

（1）评审目的　对所经营药品质量进行综合评审、对比、分析，为购进决策提供依据。

（2）评审部门　质量领导组织或质量管理机构以及业务部门。

（3）评审依据　管理制度、质量信息、工作标准。

（4）评审对象　药品质量、供方质量体系。

（5）评审项目　验收合格率、储存稳定性、质量投诉、销出退回、质量信誉、监督抽查。

（6）评审报告　内容、项目具体，结论明确，及时上报、传递，存档备查。

4.3.2.3 购货合同

（1）形式　标准书面合同、质量保证协议、文书、传真、电话记录、电传、口头约定。

（2）条款　标的，数量和质量，价款或者酬金，履行的期限、方式和地点，违约责任。

4.3.2.4 购进记录

购进药品应有合法票据，并按规定建立购进记录，做到票、账、货相符。

（1）记录部门　业务购进部门。

（2）内容　通用名、剂型、规格、有效期、生产厂商、供货单位、购进数量、购货日期。

（3）保存期限　超过药品有效期1年，不少于3年。

4.3.2.5 其他注意事项

① 根据"按需进货，择优采购"的原则，药店购进药品，应按照规定从"证照齐全"（即有《药品生产企业许可证》或《药品经营企业许可证》以及营业执照）的药品生产、批发企业进货。

② 购进药品的合同中应有明确的质量条款。

③ 购进特殊管理的药品（如麻醉药品、精神药品等）时，必须具有相应的经营资格，并要从具有特殊药品生产、经营资格的企业中购进。

④ 药店必须建立并执行进货检查验收制度，验明药品合格证书和其他标识；审核所购入药品的合法性和质量可靠性。不符合规定要求的，不得购进。

⑤ 药店必须建立真实、完整的药品购进记录。制定本药店的药品经营目录，经营品种不得人为断档，做到库有柜有。药品零售连锁门店不得独立购进药品。

5 连锁药店配送员

5.1 配送员概述

配送员按照用户订货的要求，在配送中心或物流节点进行货物搭配，并以最合理的方式送交用户。从物流整个环节来看，配送处于"末端运输"的位置，是企业物流系统的终端和重要功能。配送员工作完成的质量及其服务水平直接体现了企业物流系统对需求的满足程度。

配送也具有独立性，其本身就是一个多项目、多环节的物流活动。它包含了物流的所有功能，如运输、储存、配货等，有些还附带加工，而且在配送的过程中始终贯穿搜集信息的操作。因此，配送本身就是一个小范围的微型物流过程。

5.2 配送员的职责

（1）入库

① 协助司机装卸货。

② 入库时，检查货物跟单上的货物数量、品种、编号等是否一致，包装有无破损，如有破损和少货，须让送货人签字（盖章）认可，以备日后办理相关手续；如无误，签自留一份存档。

③ 按流程办理货物入库，转交药库管理员，做入库单，并做好货到货架时的第二次对单。

④ 核准单据无误后签字存档。

（2）出库

① 根据客户发货通知单发货，做到单物相符。核对项目包括：客户名称，收货人，联系电话，收货人地址，货物名称、数量、编号，做到单单相符，确保无误。

② 根据货物的体积、重量订相应吨位的车辆。

③ 协助司机装卸货物。

④ 拟定配送管理办法、配送计划和作业流程，并不断改进和完善。

5.3 配送员的业务工作

（1）药品出库手续　各门店按规定，在进货前列出所需药品清单。药库管理员根据总部微机提供的清单核实药品出库单，然后根据药品出库单发药。发药时严格查对药品剂型、规格、数量、生产厂家和有效期。保管人员、复核人员和配送人员在发药结束时均须在药品出库单上签字，备查。连锁门店首先汇总票单，然后按照路线进行分类，按照地区打印出库单，保管人员进行分拣，复核人员进行发货前核对，确定无误后准备配送。

（2）药品出库原则

① 先产先出。

② 近期先出。

③ 按批号发货。

（3）药品出库复核

① 药品出库应进行复核和质量检查。

② 特殊管理药品应建立双人核对制度。

③ 出库复核记录，包括购货单位、品名、剂型、规格、批号、有效期、生产厂商、数量、销售日期、质量状况、复核人员。

附　某市申请筹建药品零售企业须知

一、申请筹建药品零售企业须具备以下条件。

1. 拟开办药品零售企业的法定代表人或负责人应熟悉并遵守有关药事管理的法律、法规，在法律上无不良品行记录。

2. 在县城区开办药品零售企业必须配备1名以上（含1名）执业药师或从业药师。在乡镇和农村开办药店，须配备1名以上药师（或中药师）以上药学技术人员，其他从业人员应是高中或相当于高中以上学历。以上人员不得在其他单位（岗位）兼职。

3. 具有符合条件的经营场所和仓储条件，经营场所在40平方米以上，仓储面积20平方米以上。

4. 申请筹建的药品零售企业，应符合合理布局和方便群众购药的原则。

5. 跨地域申请筹建连锁门店的药品零售连锁企业，其质量管理机构负责人必须是执业药师。

二、申请筹建药品零售企业应提交下列材料（一式一份，A4纸打印，按顺序装订成册）。

1. 封面。

2. 材料目录。

3. 筹建药品零售企业的申请［内容包括：申办主体、药店名称、详细地址（具体到道路、门牌号）、经营范围和方式、负责人、药学技术人员等］。

4. 当地工商行政管理部门出具的《企业名称预先核准通知书》或《企业名称查询登记单》。

5. 筹建药品零售企业申请审查表。

6. 筹建药品零售企业有关人员的资格证明复印件（与原件对照）。

（1）药品零售企业法人代表或企业负责人的身份证件、毕业证书、在法律上无不良品行记录证明、药学技术资格证、本人证明等复印件。

（2）药学技术人员的身份证、毕业证、药学技术资格证、本单位证明、不在其他单位（岗位）兼职的证明、被申办人聘用的双方签字的意向协议书、暂住证等复印件（仅为行政区外人员）。

（3）其他从业人员的身份证、毕业证书、被申办人聘用的双方签字的意向协议书、本人证明、暂住证等复印件（仅为行政区外人员）。

7. 经营场所产权证明或租赁合同复印件。

8. 经营场所坐落图。

9. 从业人员在岗保证声明。

10. 法人企业申请的，需提交《企业法人营业执照》及有关证照复印件（与原件对照）。

三、跨区申请筹建连锁门店需提交下列材料（与原件对照）。

1. 国家（省）药监部门批准的跨区连锁文件及《药品经营许可证》和《企业法人营业执照》复印件。

2. 连锁企业总部（或分部）质量管理机构负责人的执业药师资格证书及注册证复印件。

3. 含保证药品质量、不得自行采购等内容的委托配送合同或协议书。

4. 其他人员的身份证、毕业证等。

5. 营业场所的产权证明或租赁合同。

6. 经营场所坐落图。

7. 从业人员在岗保证声明。

四、申请验收的药品零售企业应提交下列材料（一式二份，A4 纸单面打印，按顺序装订成册）。

1. 申请验收报告（主要内容应包括：按验收标准准备情况的自查结论及请求予以验收等内容）。

2. 开办药品零售企业申请审查表。

3. 药品监督管理局同意筹建的批复文件。

4. 拟办药品零售企业负责人、质量管理负责人、质量管理员、处方复核员、处方调配员、验收员、养护员等人员的花名册。

5. 全部人员的健康证明和企业负责人的上岗证件复印件。

五、申请筹建及验收发证审查程序。

药品监督管理部门在每月 1～8 日为受理日，在收到申请筹建材料后进行立项审查，并在每月 15 日前做出是否同意申办的批复。药品监督管理部门在每月 16～23 日为验收受理日，在收到验收材料后审查，经验收通过的药品监督管理部门于每月 25 日前报市局，不同意的书面通知申办人限期整改。

第二部分

药品批发企业经营与管理

药品批发企业简介

药品批发企业是指从药品生产企业或其他药品批发企业购进药品，供应给零售企业、医疗单位和其他药品批发企业用作转卖，或供应给药品生产企业用作生产的药品经营企业。药品批发企业的交易对象为药品批发商、零售商、生产企业和医疗单位，交易数量大，药品售出后仍处于流通领域，是地区之间、生产企业与零售企业之间药品流通的枢纽。

我国药品批发企业的经营模式主要有以下几种。①跨地域大型药品批发企业。资金实力雄厚，网络广泛。②医药"快批"模式。面向"两个低端"，即零售企业、农村市场。特点：低成本，现款、现货、现价交易。③区域纯销公司。经营规模不大，主要在区域内配送，在该区域内有良好的客户关系。④新药代理公司。分为总代理和区域代理。有学术队伍或非处方药（OTC）营销队伍，市场开拓能力较强，需承担一定的政策风险。⑤零散的个体销售公司。主要供应对象是乡镇卫生院及诊所、药店，药品质量把关能力差。

药品批发企业的组织机构一般包括四大部门：质量管理部、业务部、仓储部和财务部。仓储部和业务部是企业的核心部门，仓储部下设库管、养护和物流配送机构，业务部是负责计划、采购、供应和销售等机构的总称，通常下设采购和销售机构。图 2.1 为药品批发企业组织机构示意图。

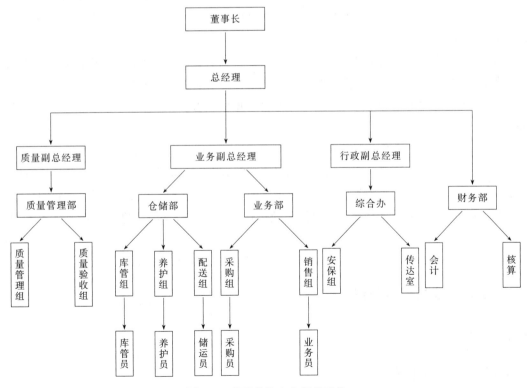

图 2.1　药品批发企业组织机构

主要经营人员的业务与管理工作

1　购销经理

1.1　购销经理概述

购销经理负责企业药品购销业务管理工作，必须具备药学或相关专业知识、现代科学管理知识和一定药品经营管理实践经验。企业采购部负责药品的购进（包括从工业或其他商业企业购进），销售部负责药品的销售（包括下游商业企业、医院、终端药店诊所等），采购部和销售部联系紧密，产品信息沟通及时，能较好地适应市场的需要。

1.2　购销经理的职责

① 对本部门经营的药品负全面的质量责任。

② 认真履行"质量第一"的宗旨，教育本部门人员强化质量意识，认真遵守国家有关药品质量方面的法律和法规尤其是《药品经营质量管理规范》（GSP），以及本企业的质量管理制度，在领导本部门的工作中正确处理数量和质量的关系，做好业务环节的质量管理工作。

③ 组织好商情和用户访问调研，根据试销对路、以销订购和择优选购的原则指导编制和审查药品进货计划。对采购员和销售员在具体业务工作中是否遵守法律、法规及有关制度负具体的审核责任。

④ 定期组织对库存药品进行分析，采取有效措施，优化库存结构，提高畅销品种比例，保持合理库存。同时，严格贯彻"先进先销、近期先销"的原则。

⑤ 检查督促并及时推销库存老产品或效期短的药品，对有质量问题的药品要及时处理。

⑥ 为用户提供符合质量标准的药品，提供优良的服务并认真做好售后服务工作。

⑦ 加强各种业务资料、质量资料和服务资料的收集和积累，开展科学管理，通过分析数据并结合市场动态，正确进行决策和指导购销活动，并为有关部门提供反馈信息。

⑧ 对因积压而造成药品变质或过期失效等情况，要分析原因，追查责任，吸取教训，并采取有效措施加强管理。

⑨ 组织落实对发展新客户、首次经营品种的会审、报批等工作。

1.3　购销经理的业务管理工作

1.3.1　市场调研

1.3.1.1　市场调研的内容

市场调研的内容可概括为 4 类，即目标市场调研、产品调研、终端渠道调研和广告促销活动调研。

（1）目标市场调研　目标市场的调研主要是针对市场需求情况进行调查研究。对市场需求的调研主要从以下几个方面入手。

① 市场状况（规模、供需等），现有市场对产品的需求量和销售量，是供不应求还是供大于求。

② 不同的细分市场对某种产品的需求情况，以及每一细分市场的饱和点和潜在能力。

③ 本企业的产品在市场上的占有率、哪些细分市场对企业最有利。

④ 竞争评估（直接竞争、间接竞争），包括同行竞争者的地位和作用、优势和劣势，本企业如何扬长避短，发挥优势。

⑤ 市场营销组合的研究，包括产品、价格、广告和销售渠道的综合分析比较。

（2）产品调研　包括对现有产品的个性进行分析，根据产品所处生命周期的不同阶段对其营销策略进行分析。除此之外，还应包括新产品的开发调查。对企业而言，只有能满足目标市场需要的产品才能成功，因此有必要对新产品引进进行深入的调查研究，对新产品市场的前景进行预测，将企业开发新产品的风险降到最低。

（3）终端渠道调研　渠道对于批发企业来说尤为重要。在进行渠道决策之前必须经过调研，以确定企业所应选择的渠道宽度、渠道长度、渠道成员、渠道组合等策略。具体包括以下几方面内容。

① 企业现有的销售力量在结构和数量上是否适应需要，如何控制和调节销售力量。

② 现有的销售渠道是否畅通，如何调整销售渠道，减少中间环节，以减少销售成本，增加销售额和销售利润。

③ 怎样正确运用促销手段，以刺激消费，创造新的功能需求，开拓新的市场。

④ 终端研究，如医院终端研究、药店终端研究、终端促销研究等。

（4）广告促销活动调研　指对广告活动以及影响广告决策的因素所进行的调查，包括广告媒体特性分析、广告媒体策略分析以及不同层面的广告效果的测定。广告促销活动调研的具体内容包括产品上柜情况、产品陈列情况、产品各个卖场售点的 POP 放置、产品业务员和促销员的销售能力、产品促销活动的频率和效果等。

1.3.1.2　市场调研的流程

从图 2.2 中可以看出，由销售部门提出的需要信息，是市场调研的出发点，它决定了调查的内容、方法、对准确度的要求及所需的人力、物力和时间等。调查方案通常是销售部门在得知某些不正常的迹象或构思新方案时开始制定。出现不正常迹象（销售量小或费用高等），销售部门必须提供准确的信息，规划新的行动。销售部门和调研部门必须明确调研主题。调研主题要尽量准确、明朗，不含糊。主题不明确，不仅会浪费人力、物力，

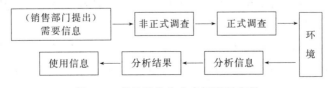

图 2.2　药品批发企业市场调研流程

而且会导致决策失误。

1.3.2 药品招标与投标

1.3.2.1 药品招标

药品集中招标采购，是指多家医疗机构在一定范围内公开药品或服务采购的条件和要求，邀请众多投标人参加投标，并按照规定程序从中选择交易对象的一种市场交易行为。药品集中招标采购主要有以下两种方式。

（1）公开招标 指招标人以招标公告的方式邀请不特定的药品供应商投标的采购方式。主要适用于临床普遍应用、采购批量或金额大、能够形成充分竞争的品种。

（2）邀请招标 指招标人以投标邀请书的方式邀请特定的药品供应商投标的采购方式。主要适用于采购标的较小、潜在投标人较少或者需要在较短时间内完成的采购项目。

1.3.2.2 投标人的权利和义务

招标人和投标人通过招标、投标订立药品购销合同，享有一定权利并履行相应义务。

（1）投标人的权利

① 有平等地获得招标信息、进行咨询的权利。

② 有根据招标公告和招标标书的要求制定投标文件或方案的权利。

③ 有参加开标、答辩的权利。

④ 有对评标、定标不公而提出质疑直至诉诸法律的权利。

（2）投标人的义务

① 保证所提供的投标文件的真实性。

② 无条件地接受招标方的招标文件要求，遵守招标方的各项招标规定。

③ 接受招标方就有关投标事宜的审查和评议。

④ 提供投标保证金或其他形式的担保。

⑤ 中标后与招标人签订并履行合同，非经招标人同意不得转让或分包合同。

1.3.2.3 投标策略

药品集中招标采购作为一种市场经济环境下的采购行为，参与各方都在努力追求利益最大化。对企业而言，中标与否直接影响来年的销售计划，竞争是相当残酷的。因此，仔细分析招标方的需求，制定合理的投标策略，对投标企业而言是相当重要的。

（1）高报价策略 采用这类策略通常是在药品集中招标采购过程中具有较强的竞争优势，投标的产品多数为临床上疗效明确的不可替代品种。因此，投标人能以行业强者身份参与竞争，并在报价的计算上确定一个高于平均水平的价格。

（2）平均价策略 平均价策略是比较常用的一种投标策略。当投标品种在临床应用广泛，但有众多同类产品参与市场竞争时，投标人虽有一定的竞争优势，但在众多参与者中优势并不十分突出，投标人常会采取平均价策略。即在报价的计算中以同品种的平均价格作为报价依据，在此基础上根据投标项目的具体情况进行一定幅度的加减。

（3）成本价策略 采用这种策略多数是外埠投标企业药品首次进入本地区市场采用的先行步骤。为了扩大市场份额或打开重点销售地区的市场，投标企业有时不得不采取这种措施。但需要注意的是，报价不应过低（甚至低于其成本），更不能在中标后为了进一步压低成本而降低产品质量。因为药品集中招标采购的最终目的是降低药品的虚高价格而不是降低药品质量。以降低药品质量或服务质量为代价争取中标，必然会对今后的投标产生影响，最终只会得不偿失。

（4）低报价策略　这种策略常见于邀请议价，是指对临床确有需求而投标过程中无人投标的品种（其中绝大多数是微利或无利品种），招标方邀请特定的投标人参加议价，通过双方的价格谈判，投标人最终确定的投标价略低于成本价的策略。采用这种策略的投标人通常是在放弃经济效益、追求社会效益的同时与招标方建立了良好的合作伙伴关系。

（5）综合报价策略　由于多数投标人在投标过程中会涉及到不同大类不同品种的药品，此外，各地招标项目也存在差异，因此投标人参与投标的品种可能在不同方面各具优势、劣势，企业投标的重点也随之调整。投标人可以充分利用产品差异与地区差异，扬长避短，采用综合报价策略，即高报价策略、平均价策略、成本价策略与低报价策略组合的方式，争取在自己熟悉、擅长的领域中获得成功。这一策略的成功应用，是建立在投标人对市场和竞争对手正确、充分了解的基础上。

1.3.2.4　投标规律与技巧

探讨药品集中招标采购的投标规律与技巧，目的在于争取中标。投标技巧归结到一点，就是投标人的投标行为在技术上和商务上要符合要求，在产品价格竞争和质量评价上要占据最有利的地位。

① 药品中标率与投标药品质量层次正相关。中标率随着药品质量层次的提高而提高，质量因素是决定投标药品中标与否的关键因素之一。企业应尽量选择质量层次相对高的药品参与投标，通过提高中标率来扩大市场占有率。

② 中标降价幅度与药品质量层次负相关。投标不同质量层次的药品时，企业应采用不同的价格策略。这样既有助于药品中标，又可以保证企业的盈利。一味使用低价策略是不可取的。

③ 投标降价 10% 的降价幅度可视为高报价药品的有效报价区间。高报价药品经过10% 的降价后仍属有效报价区间，结合各地药品集中招标采购项目的实际情况上下浮动，企业可以以此为依据计算投标报价。

④ 多数药品均适用平均价格策略。价格的浮动幅度应控制在 ±0.04 个差价，这是平均价格策略下的有效报价区间。对于有众多同类产品参与竞争的药品，应尽可能地获取其他竞争者的信息，在充分了解市场的前提下，报价时可以将同品种药品的市场平均价作为基数，在此基础上上下浮动 4%，最后根据各地药品集中招标采购实际价格乘以相应的调整系数得出最终价格。

⑤ 特殊情况下的投标报价分析。除了上述几种投标技巧可用于定量计算药品投标价格以外，还有一些特殊情况需要企业特殊处理。由于药品集中招标采购是一项在全国范围开展的活动，所以同一药品在不同地区的实际投标报价还要取决于企业对该地区的预期盈利分配。重点销售地区和非重点销售地区可能会产生截然不同的投标价格。对于那些首次进入当地市场的药品，或者希望通过中标来扩大市场份额的药品，投标人可以采用成本价策略或低报价策略来定量计算相应的投标报价。

1.3.3 信息化管理

1.3.3.1 信息化管理的必要性

随着药品批发企业规模的扩大，分公司增多，业务越来越复杂，大量的管理问题随之产生。例如，不能及时、准确了解各分公司的销售情况和库存情况；无法合理制定采购与配送计划；报表和数据增多，整理困难；不了解整个公司体系中的资金运作状况；在贯彻GSP认证标准中存在一系列困难等。要解决这些管理难题，信息化管理是唯一的办法。

1.3.3.2 信息化管理的目标

实现信息化管理，建立高效的企业信息系统，需要企业进行系统的开发与实施，并提供包括硬件集成、软件需求与实施的咨询以及售后支持等全方位的系统服务。对信息的管理主要是通过开发信息管理软件来实现的。

通过系统开发应能达到以下目标。

① 实现总部与分公司信息共享，增加管理的透明度，加大管理层对经营过程的监控力度。

② 统筹整个企业的药品购进、库存及销售信息，及时调整经营药品结构，适应市场需求，保证药品不缺货、不断货、及时处理近效期药品，减少公司无谓损失，提高效益。

③ 保证数据的完整性，系统运行的安全性和稳定性，实现技术的先进性。

④ 业务流程符合国家医药行业标准，将GSP的要求嵌入经营过程中。

⑤ 系统具有持续升级的能力，满足企业供应链管理发展的需要。

⑥ 系统具有良好的拓展性，支持本企业下一步发展规划。

1.3.3.3 药品批发企业管理信息系统

药品批发企业管理信息系统主要是对企业经营运作进行规范化的管理，提高效率。该系统由四大子系统构成，分别是GSP制度管理子系统、进货管理子系统、销售管理子系统、库存管理子系统。系统的结构如图2.3所示。

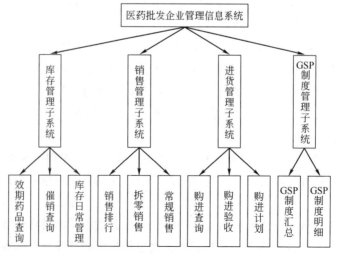

图 2.3　药品批发企业管理信息系统结构

（1）GSP制度管理子系统

① 系统的功能。

a. 首营企业审核和首营品种审核制度，主要是对进货渠道和进货药品基础数据的维护。首营企业审核是对药品的生产商进行严格的审核。只有审核通过的生产企业，才可以从该生产企业进货。合格经营企业审核则是对药品的供应商进行严格的审核。同样，如果要从经营企业进货，该经营企业必须通过审核。首营药品审批表——生产企业，则是对通过审核的生产商所提供的药品再进行审核。药品审批表——经营企业，则是对通过审核的经营企业所提供的药品再进行审核。这里所录入的药品将作为进货药品的基础数据。

b. 药品购进管理制度，主要是生成对药品的购进审核单，并且查询以往药品的购进记录。药品申购表，由药品申请部门向采购部门提出申请，由药品申购品种附表详细说明药品申购表申请的药品品种、数量等。查询药品购进记录则是查询以往药品的购进情况。

c. 药品质量验收管理制度，主要是对购进的药品进行验收，根据验收的结果不同，做出相应的处理，验收入库或者拒绝入库，退给厂家、供货商。药品验收单根据验收的情况填写，包括产品的批号、实际到货数量等。根据药品质量验收记录，可以了解药品质量上存在的一些问题。如果发现药品已经过期或是破损，则可以拒收。药品拒收单由确认员根据情况确认或是否决。

② 系统的组成。GSP制度管理子系统组成如图2.4所示。

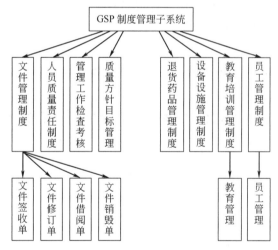

图2.4　GSP制度管理子系统

（2）进货管理子系统

① 系统的功能。进货管理子系统的功能如图2.5所示。

a. 药品申购审批，主要是生成药品申购计划。药品采购部门根据库存量完成药品申购计划，用药品申购品种附表详细说明购进的药品品种、预计到货日期、金额等信息。

b. 药品申购计划确认，主要是对提出的药品申购计划进行审核确认。根据GSP质量管理的流程，药品申购计划需要经过采购部经理、质量部经理确认后，由总经理批准，才能生效。

c. 药品购进验收，主要是根据药品的到货情况进行验收。药品验收中，根据实际情

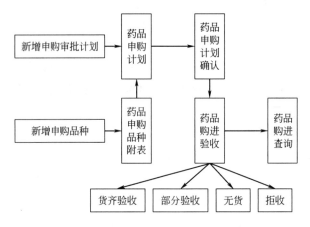

图 2.5 进货管理子系统的功能

况有以下几种情况。

（a）货齐验收。当药品供货商按照审批通过的药品申请单提供药品时，每个品种数量都达到要求，并且药品也没有质量问题（如破损、过了有效期等），由验收员进行确认后，进行货齐验收。

（b）部分验收。当药品供货商所提供的药品只到了一部分，或全部到了，检验的时候发现部分有破损或其他的质量问题时，进行部分验收。

（c）无货。当药品供货商提供的药品里缺少某一种或几种药品时，在药品申请单中去掉该药品，对其进行无货处理。

（d）拒收。当药品供货商提供的药品有质量问题或过了有效期，药品不能正常使用时，可以选择拒收，将其退回。

② 进货管理子系统的应用流程。进货管理子系统应用流程如图 2.6 所示。

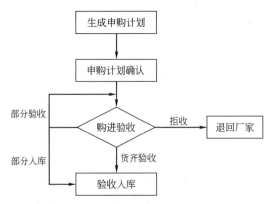

图 2.6 进货管理子系统的应用流程

（3）销售管理子系统

① 系统的功能。销售管理子系统的功能如图 2.7 所示。

a. 药品销售及处方管理，主要是对药品销售情况的查询，包括处方药品、非处方药品和拆零药品。通过药品常规销售记录表可以具体查询到某一时间段内的药品销售情况，

40

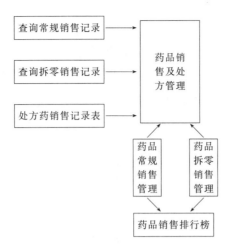

图 2.7　销售管理子系统的功能

并且可以按照不同的种类进行查询，也可以输入价格查询；拆零销售记录表则可以具体查询到某一时间段内的拆零销售的情况；处方药销售记录表则可以查询到处方上开出的药品。

b. 药品拆零销售管理，主要是查询药品拆零情况和拆零后进行销售的情况。药品拆零记录表可以查询到何种药品进行了拆零处理；拆零销售记录表则是查询进行拆零销售的情况。

c. 药品常规销售管理，系统遵循先进先出的原则，根据有效期、批号进行判断。同种药品，快到有效期的排列在前面，如果有效期相同，则根据进货的批号进行判断。系统将先进来的标上醒目的颜色，提醒营业员先销此有效期或批号的药品。如果营业员选的是后进来的，则系统会提示营业员将先进来的货进行销售。

d. 药品销售排行榜，主要是查询某个时间段内药品的销售排行情况，并且可以根据种类进行搜索，以便更好地为药品的购进提供指导。

② 销售管理子系统的应用流程。销售管理子系统应用流程如图 2.8 所示。

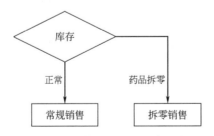

图 2.8　销售管理子系统的应用流程

（4）库存管理子系统

① 系统的功能。库存管理子系统的功能如图 2.9 所示。

a. 库存的日常管理，主要是对药品的保管和日常维护。改柜台号的目的是为了月末盘点方便，将药品按照柜台号进行编排、修改。设置养护类型时，可以对药品进行普通养护和重点养护的分类，以便更好地为药品做养护。在药品盘点过程中，往往会出现药品库存数量和实际药品数量不一致的情况，可以通过"库存报溢"、"修改库存"进行药品库存

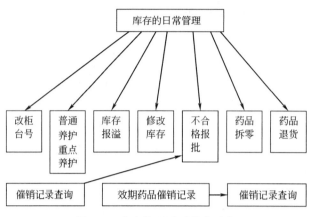

图 2.9　库存管理子系统的功能

数量的修正，当然一定要注明原因。在养护过程中发现药品有质量问题时，需要进行药品的不合格报批，以便对这些药品进行适当的处理。当用户需要购买零散药品时，可以进行药品拆零，也就是将大单位拆成小单位进行销售。当药品出现问题时，可通过库存的日常管理进行退货处理。

　　b. 库存销毁记录查询，主要是对药品的销毁记录进行查询。

　　c. 催销记录查询，则是对药品的催销情况进行查询。在设置好有效的催销时间后，每次检测催销情况时，系统会将在催销时间内有效期到期的药品列出，以便尽快将其销售出去。

　　② 库存管理子系统的应用流程。库存管理子系统的应用流程如图 2.10 所示。

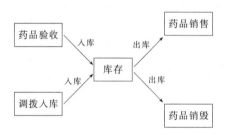

图 2.10　库存管理子系统的应用流程

2　采购经理

2.1　采购经理概述

　　药品采购经理主管药品的采购工作，必须具备药学或相关专业知识，具有库存分析能力及采购规划能力。主要负责收集、处理本企业和市场价格信息，统筹整个企业的药品购进，管理公司库存，及时处理接近有效期的药品，减少公司无谓损失，及时调整经营药品结构，保证药品无人为缺货或断档。采购经理的主要权限如下。

　　① 对采购部所属员工及各项采购业务工作有管理权。

② 向公司总经理行使报告权。

③ 对筛选工业或上游客户有决策及建议权。

④ 对采购员的工作有监督检查权、争议裁决权、奖惩权、考核权。

⑤ 退货处理权。

⑥ 一定范围内的销货折让权。

2.2 采购经理的业务管理工作

2.2.1 确定药品采购方式

选择适当的采购方式是保证药品质量的重要一环。随着我国医药流通体制改革的深化，我国的医药流通方式发生了很大的变化，随着网络和电子商务的发展，药品采购方式更是多种多样，主要有订购和选购、代批代销、代理、招标采购和网上采购等。

（1）订购和选购　根据药品质量和市场需要组织进货方式。采购药品是由药品经营企业自己选择的，采购的数量和品种是药品经营企业根据市场需要和本企业经营能力提出来的。采购药品条件是由产销双方在自愿的基础上协商决定的。总之，在进货上，药品经营企业有比较充分的自主权，能比较好地体现企业独立经济组织的性质。这种方式有利于药品经营企业按照市场需要组织收购。

订购和选购属于同一种性质的进货方式，但又有一些区别。凡属生产集中，销售面广，对市场和人民生活影响较大的药品，一般列为订购药品；由工商双方根据市场需要进行衔接，由双方签订订购合同，按合同产销的药品为选购药品。

（2）代批代销　指药品经营企业受药品生产企业（或其他药品经营企业）委托办理的一种销售业务。在药品销售出去以前，药品所有权归委托单位，在药品销售出去以后结算货款。代批代销不占用药品经营企业流动资金，并有利于生产企业的产品推销，是一种有利于调动工商企业双方积极性的购销方式。

（3）代理　经营企业在自愿的基础上，通过合同或契约的形式建立的一种产品进入流通领域并由药品经营企业在一定区域内实行垄断或独家经营，实现"风险共担，利益共享"的组织形式。可分为独家代理、一般代理和总代理。

例如，先声药业就是一家通过实行总代理，将业务纵向延伸取得成功的典型例子。9年前，该企业仅仅是一家从事单一贸易的民营药品批发企业，其原始资本仅为500万元。在药品批发企业进销差价相对较高，经营情况普遍较好的情况下，先声药业是第一家选择总经销、总代理营销模式的企业，先后成功代理了臣功再欣、再林、英太青、安奇等著名品牌，取得了良好的业绩。

（4）招标采购　药品经营企业为解决信息不及时、不准确导致的订货价格失误，避免诸多人为因素带来的不良后果，抵制不正之风的侵蚀，采取的一种药品采购形式。招标采购就是药品经营企业将药品需求信息通知药品生产企业进行投标，药品经营企业根据药品生产企业提供的价格进行选择，价格最低质量最优者中标。中标后，双方签订合同。合同履行货到仓库后，由验收员进行质量验收。验收合格者，由财务复核，入账付款。招标采购成为药品经营企业日益青睐的一种方法。

（5）网上采购 伴随电子商务的发展，药品经营企业可以直接在网上采购药品。通过信用工具结算，大大降低了商业流通成本。药品经营企业可以在最短的时间内获得市场信息，并在最短的时间内完成采购，有利于药品经营企业抓住市场机遇，提高经济效益。但是，网上采购必须更加注重药品质量，加强质量验收，防止不法分子利用电子商务销售假劣药品。

2.2.2 选择供应商

选择供应商，也称挑选购进渠道或决定采购单位。若选择的进货渠道好，不仅能完成药品的品种、数量、质量、进度方面的购进任务，而且能购进到市场畅销药品和市场竞争力强的药品，采购费用低，采购药品的后期经营效益高。

2.2.2.1 收集供应商信息

收集供应商的资料，对供应商的信誉、经营范围、经营能力、药品价格、单位情况、协作精神、服务情况、业务人员素质等进行综合评价，为企业选择优秀的供应商提供依据。

2.2.2.2 分析供应商

① 供应商是否具有合法证件（营业执照、质量体系、法人资格、药品经营许可证等）。

② 供货单位的药品情况。了解药品的生产单位的生产条件是否符合GMP的要求；是否具有与经营药品相适应的质量管理机构或人员；是否具有与所经营药品相适应的营业场所、设备、仓储设施、卫生环境；是否具有依法经过资格认定的药学技术人员。

③ 权衡供货单位药品价格的高低。应考虑药品进价的高低和能否持续、稳定地得到货源供应。

④ 权衡供货单位的信誉情况。购进业务多数是批量进货，而交易行为和交货的时间、地点常是不统一的。对购进药品的数量、质量、规格、品种的保证程度，取决于供货方的信誉优劣。

⑤ 权衡供货单位的服务情况。直接服务，是指向采购方提供与购进药品直接相关的服务。例如，为采购方提供优惠的送货条件，主动真实地介绍药品性能、适应证、副作用等。间接服务，是指向采购方提供与采购药品无直接关系的指导服务。例如，供货方积极向采购方提供医药市场信息，并在经营上给予一定的技术指导，使购销双方互相促进，共同发展。

⑥ 权衡供货单位距离的远近。在选择供货单位时，药品经营企业要本着先考虑当地后考虑外地的原则，要从经济合理的原则出发，不要一味追求外地外省进货，不要盲目追求外地购进的比例。供货单位所处距离的远近是选择供货单位的一个重要条件。

2.2.2.3 选择供应商的基本方法

（1）对比法 将不同供货单位的合法性、药品品种、质量、价格、运输和商业信誉情况等进行对比，然后择优确定进货单位。

（2）开发法 在对各供货单位全面了解的基础上，把技术潜力、设备潜力很大，所生产的药品在市场上有较强竞争力的供货单位选为进货渠道。药品采购单位可以以包销、经销、投资、入股等形式进行开发。

2.2.2.4 建立供应商档案

供应商档案的建立，能为企业积累供应商的资料，并根据供应商资料分析供应商同企业合作的情况如何，可使企业在选择供应商时有一个理论依据，并为能够长期同供应商合作打下良好基础。供应商档案表的主要内容如表 2.1 所示。

表 2.1　供应商档案表

制表：　　　　　　　　　　　　　　　　　　　　　　　　　　　　　　　日期：

名称：		负责人：		地址：		联系方式：		邮政编码：
供　应　商　资　料								
供货名称	批号	质量	价格	供货能力	运输能力		信誉	服务

要求：填制时应根据实际情况实事求是地、认真地填写，不得涂改，妥善保管。

2.2.2.5 注意事项

① 避免过分依赖某一个供应商，让供应商牵着鼻子走，受制于它的苛刻条件。

② 防止供应商与企业的采购代理人互相勾结，进货把关不严，企业财产流入个人手中，最终因材料、设备价高而导致成本上升，或因质量劣次影响企业产品质量。

③ 防止供应商之间串通一气，哄抬物价，使企业受损。

2.2.3　首营审核

2.2.3.1　首营审核的程序

① 由采购部门向质管部门提出申请，填写首营企业审批表、首次经营品种审批表（见表 2.2），并提供有关资料。由质量负责人进行质量审核后，再由物价部门核定价格，最后由总经理签字批准后方可购进。

表 2.2　首次经营品种审批表

药品编号	通用名(商品名)	规格	生产企业	证照编号(含 GMP)
药品的药理作用、适应证、疗效等情况				
批准文号		质量标准		
有效期限		包装标识		
储存条件		收购实价		
零售价		批发价		
申请原因				
采购员意见				
质管部门意见				
物价部门意见				
总经理意见				

② 质管部门接到首营企业审批表、首次经营品种审批表及有关资料后，应尽快如实

审核。如通过审核，则填写首营品种审核记录，并建立产品质量档案。

③ 首营品种验收时，应索要厂家的药品出厂检验报告书。如有必要，也可索要省市药检所的检验报告书。

④ 对于首营品种的购进试销，在试销期间，对于增加规格、型号，改变主要结构和原料、包装材料、容器或包装方式的药品，采购部门必须征求本企业质量等相关部门的意见，必要时应进行实地考察，报经理同意后，方可购进。

⑤ 对首营品种应确定试销期。试销结束时，由质管和业务部门分别对质量情况和市场情况做出评价，报业务经理审批同意后，试销药品才可列入正式经营目录，转为正式经营药品。

2.2.3.2 索证审核

首营材料的要求在 GSP 及其实施细则中有明确规定，并按以下几方面操作。

（1）供应商 法定资格和质量信誉的审核。索取并验证加盖了首营企业原印章的许可证、营业执照复印件；审核首营企业是否超出其经营方式和经营范围；审核首营企业的质量保证能力，是否有专职质量管理机构或专职质量管理人员、质量信誉等，必要时可到现场考察，签订质量保证协议。

（2）品种 合法性和质量可靠性审核。索取并核实加盖了首营品种供货单位质量管理（检验）机构原印章的药品生产批件、药品质量标准和药品使用说明书复印件；索取加盖了首营品种供货单位质量管理（检验）机构原印章的首次进货批号的药品检验报告书；索取并验证首营品种的价格登记审批文件；了解首营品种的性能、用途、检验方法、储存条件和质量信誉等。

（3）人员 合法资格的审核。索取并核实供应商出具的业务经营人员的业务经营法人委托书；索取并核实业务经营人员身份证；了解业务经营人员有无不良经营品行。

（4）首营审批表 对审核合格的首营企业和首营品种填写首营审批表。首营企业审批表基本填写项目有：企业名称、许可证和营业执照编号、法定代表人、生产（经营）范围、银行账号、税务登记号、GMP 或 GSP 认证编号、GMP 或 GSP 认证内容、业务联系人、采购部门意见、质管部门和企业领导人审核意见、填写时间等。首次经营品种审批表基本填写项目有：通用名、商品名、单位、规格、包装、生产企业、供货单位、供货单位证照、药品注册证号、药品批准文号、质量标准、药检报告、储存条件、有效期、药理作用、疗效、零售价、批发价、供应价、采购部门意见、质管部门和企业领导人审核意见、填写时间等。

2.2.4 采购人员考核培训

管理督促采购部门所属员工，对采购员进行绩效考核，制定相关奖罚措施，提高员工工作积极性。对采购员进行培训，提高采购员业务能力和操作技巧，主要培训内容为法律法规及药品购进程序等相关知识。

2.2.5 采购协调

① 与质管部门进行合作，递送首营企业和首营品种资料，并以其反馈意见确定购进

的依据。

　② 与仓储部门合作，保证采购药品的及时验收入库，保证库存信息的及时反馈，保证药品不缺货、不断货。

　③ 与销售部门密切配合，及时沟通工业促销及市场推广方案，将工业的销售与公司的销售紧密结合，达到最佳的资源配置。

　④ 与财务部门保持信息畅通，调控工业回款账期，保证工业销售折扣发放的及时性。

　⑤ 负责上游客户合同的谈判与签订，制定工作计划，并向公司总经理报告。

3　销售经理

3.1　销售经理概述

　销售经理主管药品的销售工作，负责销售指标的制定和分解、营销队伍的建设，进行客户关系的管理，确保辖区工作目标的完成。此外，还负责所辖区域的公关工作，与工商、税务、卫生、药监和城管等政府职能部门进行协调。销售经理的主要权限如下。

　① 主持所辖区域的营销例会，总结上个阶段的工作，部署下个阶段工作的权利。

　② 对销售预算开支有相应的支配权。

　③ 对下属的工作有监督检查权、争议裁决权、奖惩权、考核权。

　④ 所辖区域市场的广告宣传计划与实施的决定权。

3.2　销售经理的业务管理工作

3.2.1　客户的确定和开发

3.2.1.1　客户的确定

　（1）销售市场多少和大小的选择　如企业实力强、药品品种较多，则市场可以选择多一些、大一些。

　（2）重点销售市场和一般销售市场　企业在选择的若干个目标市场中应确定出重点销售市场，并兼顾一般销售市场。

　（3）本地销售市场和外地销售市场　若企业实力强，可将本地、外地销售市场同时作为自己的目标市场。若外地竞争对手多，本地竞争对手少，则选本地销售市场作为自己的目标市场。

　（4）当前销售市场和长远销售市场　当前销售市场是完成企业近期销售目标的关键，应花大力气经营好。此外，还要关心长远销售市场，对未来销售市场进行布局。

3.2.1.2　客户的开发

　确定销售市场后，并不等于拥有了现实的销售市场，还需要研究并采取一系列的市场开发策略。

① 选择药品进入销售市场的时间、速度和空间位置。

② 选择药品进入销售市场的销售策略。

③ 树立本企业鲜明的经营特色。

3.2.2 销售计划的制定与分解

销售经理应有较强的年、季、月销售方案的拟制能力，销售报表的制定、分析能力。做到能发现问题、分析问题和解决问题（提出方案），将指标细分化，具体分配到月份，并实现责任到人（销售业务员）。

3.2.2.1 销售计划的制定

（1）分析现状　对当前市场状况、竞争对手及产品、销售渠道和促销工作等必须进行详细的分析，然后由市场销售调研部门开始进行销售预测。

（2）确定目标　销售部门应当把前一期的执行情况、对现状的分析、预测结果三者结合起来，提出下一期计划切实可行的销售目标。

（3）制定销售策略　确立目标后，企业各部门制定出几个可供选择的销售策略方案，以便从中进行评价选择。

（4）评价和选定销售策略　评价各部门提出的销售策略方案，权衡利弊，从中选择最佳方案。

（5）综合编制销售计划　由销售经理负责把各部门制定的计划汇集在一起，经过统一协调编制每一产品包括销售量、定价、广告、渠道等策略的计划。综合每一产品的销售计划，形成公司的全面销售计划。

（6）对计划加以具体说明　凡是与计划有关的情况，都应尽量说明。如：以金额表示销售量的大小；企业目前市场占有率是多大；预期销售量的金额是多少；广告费是多少；杂费是多少；总的市场活动成本为多少；销售成本占销售收入的比例是多少；毛利是多少；毛利占销售收入的比例是多少。

（7）执行计划　计划一经确定，各部门就必须按照既定的战略执行，以求达到销售目标。

（8）检查效率，进行程序控制　在执行计划时，要按照一定的评价和反馈制度，了解和检查计划的执行情况，评价计划的效率，即分析计划是否在正常执行。如出现意外，销售部门要及时修正计划，以适应新的情况。

完整的药品销售计划表包括药品的基本情况、销售方式、销售对象、销售利润、目标销售量、库存增（减）量、目标销售额、市场占有率及销售费用等，如表2.3所示。

3.2.2.2 销售计划的分解

（1）销售总值、类值指标的确定　销售总值指标表明企业在一定时期内的业务规模，是企业安排人员、资金、药品货源、库存量、财务的依据。在对计划期内市场调查与预测结果、消费者购买力水平、本企业前期销售计划的执行情况、本企业现实销售形势的分析预测、本企业计划期的经营能力和货源状况等进行综合分析后，就可确定药品销售计划的销售总值了。类值指标是指在药品销售计划上不同品种药品销售指标的具体化。类值指标的确定应从以下两方面来分析：根据目标市场的结构和消费需求估算；在确定药品销售总

表 2.3　药品销售计划表

日期_____

使用范围		目标销售量	
药品名称		库存增（减）量	
规格		目标销售额	
销售方式		市场占有率	
销售对象		销售费用	
销售利润		其他	

制表：　　　　　　　　　　　　　　　　　审批：

值的基础上，根据市场发展趋势，结合本企业销售构成的历史实际情况来测算。

（2）主要品种指标的确定　主要品种是企业经营的主要类别，最能反映企业的经营特点。确定主要品种指标的方法同类值指标的确定方法基本相同，但对需求弹性、寿命周期、货源保证、市场占有率等因素也应进行分析。

（3）数量指标的确定　数量指标是企业经营的最大限量，也是实现目标利润的重要依据。确定数量指标时，应考虑以下几个方面：前期实际完成的数量总额；在目标市场的占有率；销售最大数量额同实际消费者购买力的比率；目标市场竞争对手情况。

销售计划的目标、任务（指标）分为计划目标和确保目标。计划目标是企业和公司的理想结果。确保目标为企业或公司必须达到的结果。销售计划的完成率应与销售经理及业务员的收入直接关联。

3.2.3　销售市场的建设

3.2.3.1　销售渠道的建立与维护

销售渠道的建立与维护直接影响到企业的发展。医药企业因自身发展的需要及省、市的实际情况，可选择有调拨能力的药品批发商业企业，也可选择专做纯销（终端销售）的医药企业，或二者兼选。供货客户数量与质量的决定权在购销经理手中。经理应会同业务员根据市场发展需要实时调整商业客户数量。

3.2.3.2　销售品种结构的确定

企业销售的品种从重视程度，可划分为骨干品种、辅销品种及后续品种（试销品种）。销售经理应按企业总体战略来分配人力、物力和财力，以此将各品种的销售比例控制在科学、合理的范围内。总的说来，在市场开发初期，骨干品种占有绝对的销售量，有的甚至占 98％以上。随着市场的逐渐成熟，辅销或试销品种的销售比例必须稳步上升，以规避经营风险。

3.2.3.3　销售终端的开发与维护

终端是企业的销售窗口，也是最贴近消费者的一环。医药销售终端主要是医院和药店。上柜率取决于终端开发的广度，而销售成绩取决于终端的维护。

（1）终端开发　销售经理应谙熟各大医院的进药程序，并与关键环节的人员和核心人物保持密切的长久联系，与之形成战略伙伴关系，为药品的持续使用及新产品的准入打下良好基础。对于不熟悉的医院,销售经理应有指导业务员的能力。在初期开发策略选择上,是用"重点突破"还是"全面进攻"应由销售经理统一部署。随着国家医疗改革的深入,OTC 市场的竞争日益激烈。销售经理应将负责销售的 OTC 药品在所在省、市大中型药店上柜,遴选出定点药店,在促销政策上予以重点支持,并占据有利的售点台位。

(2)终端维护 销售经理与业务员应兵分两路,前者负责与医院高端(院长级领导)进行联系,后者负责与进货人员及医生进行联系。在实际操作中,要以诚相待,不能将良好的社会关系仅建立在金钱上,应侧重情感的交流。

要使医院开发的数量和等级、药品在医院和药店销售中所占比例,与工作目标相吻合。

3.2.3.4 销售人员的聘用与配置

人是管理中最核心的要素。销售经理有相对独立的人事权。在销售人员的聘任上,销售经理应将投资与商业意识以及沟通(表达与应对)能力放在首位,其次考虑进取心。

销售经理对业务人员的配置要人事结合,将活泼外向、善交际的人安排到前端销售,将踏实、稳健的人员安排到内务岗位,应适时引导业务人员向最有利的方向发展。销售经理要将利益分配向勤勉、上进的员工倾斜。

3.2.3.5 销售环境的营造

在公司内部,要做到信息渠道通畅,以使公司员工形成一个团结的队伍,朝同一个方向努力,激发下属的上进心;倡导学习风气,了解国家及行业经济信息,了解先进的营销经验及同类药品相关信息。时常对销售人员进行访谈,在生活上关爱下属。

在外部环境方面,要对工商、税务、药监、卫生系统等部门进行拜访,建立良好的关系。

4 药品采购员

4.1 药品采购员概述

药品采购员一般是指直接从事药品采购业务的工作人员,根据公司实际情况,负责维护正常的库存和新品种的引进,保证所经营的品种不人为缺货或断档。采购活动一般依据库存量和市场需求制定采购计划,进行品种采购。

从业要求:从事药品采购工作的人员,应具有高中(含)以上的文化程度,且经岗位培训和地市级(含)以上药品监督部门考试合格后,取得岗位合格证书,方可上岗。

4.2 药品采购员的职责

① 认真学习、遵守《药品管理法》及其实施办法和配套法律法规,如《产品质量法》、《商标法》、《计量法》、《合同法》、《消费者权益保护法》等法律、条例、规定以及企业质量管理方面的制度。按照 GSP 的要求,业务工作全过程必须做到依法经营,保证药品质量。

② 检查业务单位的"两证一照",确认业务单位的法定资格和履行合同的能力。

③ 不得购进质量不合格的药品，不得向证照不全、非法药品经营单位购进药品。销售危险性药品（或有专项规定的药品）必须依照有关规定办理，做到手续完备。

④ 首营品种的试销或老产品增规改型品种的试销，必须依照规定的程序办理。

4.3 药品采购员的业务工作

药品采购员在采购药品时，应严格按照 GSP 对进货的要求进行。

① 购进药品应符合以下条件。

a. 购进的药品应是合法企业生产和经营的药品。

b. 具有法定的质量标准。

c. 除国家规定的以外，应有法定的批准文号和生产批号。进口药品应有符合规定的、加盖了供货单位质量检验机构原印章的《进口药品注册证》和《进口药品检验报告书》复印件。

d. 包装和标识符合有关规定和储运要求。

e. 中药材应标明产地。

② 购进药品应有合法票据，并按规定建立购进记录，做到票、账、货相符。购货记录应按规定保存。

③ 对首营品种的合法性及质量情况进行审核，包括核实药品的批准文号和取得的质量标准，审核药品的包装、标签、说明书等是否符合规定，了解药品的性能、用途、检验方法、储存条件以及质量信誉等内容。

④ 购货合同中用明确质量条款。

a. 工商间购销合同应明确：质量标准和有关质量要求；药品附产品合格证；药品包装符合有关规定和货物运输要求。

b. 商商间购销合同应明确：药品质量符合质量标准和有关质量要求，药品附产品合格证；购入进口药品，供应方应提供符合规定的证书和文件；药品包装符合有关规定和货物运输要求。

⑤ 购进特殊管理的药品，应严格按照国家有关规定进行。

⑥ 购进药品，应按国家有关规定建立完整的购进记录。记录应注明药品品名、剂型、规格、有效期、生产厂商、供货单位、购进数量、购货日期等内容。购进记录应保存至超过药品有效期1年，但不得少于3年。

⑦ 购进药品应按照可以保证药品质量的管理程序进行。包括以下环节。

a. 确定供货企业的法定资格及质量信誉。企业购进的药品应为合法企业所生产或经营的药品。因此，企业在进货时要求供货企业提供最新的生产许可证或经营许可证和营业执照原件，或是加盖原企业公章的复印件。要注意确认其有效期和经营范围，以确保供货单位是在合法经营时期内和企业建立业务关系，其供应的药品也应该是其经营范围内的药品。

b. 审核所购入药品的合法性和质量可靠性。审核所购入药品的合法性和质量可靠性，主要是审核药品质量、批准文号、生产批号、有效期、包装等。

c. 对与本企业进行业务联系的供货单位销售人员进行合法资格的验证。要验证其身份证和有单位公章、有效期和法人签字的法人授权委托书等。

d. 对于首营品种，填写首次经营品种审批表，并经企业质量管理机构和企业主管领导的审批标准。

e. 签订有明确质量条款的购货合同。购货合同中有明确质量条款的才可签订，而且合同中的质量标准必须是法定的质量标准。

f. 购货合同中质量条款的执行。企业进货应按购货合同中的质量条款执行。

采购员主要业务流程和工作内容可参考表 2.4。

表 2.4　采购员主要业务流程和工作内容

业　务　流　程	工　作　内　容
拟定采购计划	国家政策、法规；市场调查；盘库存
选择供应商	厂家；批发商；代理商
办理采购手续	业务洽谈；签订合同；结算货款；收取提单及发票
办理入库手续	提货；开收货单；药品入库
进货账务处理	登账；冲账；采购核销
对供应商评价	药品质量、价格；供货时间的保证；售后服务

4.3.1　编制药品采购计划

4.3.1.1　市场调查

采购计划是经营活动的前提和关键。为保证购销的良性循环，要求购进业务做到购进及时、品种齐全、规格适宜、数量相当、质量合格、价格合理。

（1）药品货源和销售趋势的调查　首先，要了解药品生产能力的变化、当前各药品经营企业库存量的多少。其次，要了解药品寿命周期的变化，预测某种药品大致的经营趋向。最后，要了解医师、患者需要什么、何时需要、需要多少，了解发病率和用药变化趋势，调查企业周围网点的分布情况以及影响企业购销活动的其他因素，预测某类药品的销售趋势，为药品采购提供客观依据。

（2）本企业库存情况　在购进药品前，要掌握本企业的实际库存量，确定哪些品种库存不足需要购进，哪些品种库存积压需要调整。药品库存情况是购进工作的基础资料，要在此基础上决定购进药品的多少。

盘库存一般以药品账目为依据，以实际库存为标准，做到货账相符，库存真实。

（3）适销对路是购进工作的本质要求　药品购进是为了销售，为使销售具有好的经济效益和为患者进行更好的服务，购进的药品必须立足于适销对路、物美价廉。

4.3.1.2　确定内容

采购计划内容包括品种、数量、时间、进度、进货源、费用、提货方式、运输工具等，见表 2.5。

（1）品种　不同层次的药品购进项目的具体化程度是不同的，批发企业的药品采购以品种大类为采购项目。如何选择购进药品品种，对企业销售极为重要。选择购进的品种，必须与医药市场的需要相适应，必须以临床需要为中心，以常见病、多发病所需为基础，保证企业主营药品不断档。要注意引进新药品、特效药和治疗常见病、多发病的药品。

① 畅销品种。积极组织货源，增加购进数量，把握市场时机，适应市场需求，提高经济效益。

表 2.5　药品采购计划表

使用部门		用途	
药品名称		品种	
规格		采购时间	
采购数量		采购方式	
供应商		单价	
提货方式		运输工具	
		采购员	

② 平销品种。购进时应维持一定的采购水平，并通过促销活动，多销多购，保持经济效益。

③ 滞销品种。购进时应减少或停止采购，并将信息反馈给制药厂、企业。

④ 特殊品种。即特种品种，有效期短并受管制的药品。采购时应根据市场销售情况，以销定购，按市场实际需求安排购进数量。

（2）数量　准确地确定药品采购数量是采购工作的核心。药品采购量适当，不仅能均衡地保证销量需要，还可节省资金占用，减少库存开支，增加经济效益。正确确定药品采购量，应做好以下几项工作。

① 研究各类药品的有效期及寿命周期变化状况，确定药品采购数量。药品的采购数量因品种、价格、销量、进货渠道的不同而各异。一般，从药厂购进的数量较大，从其他批发企业购进的数量较小。对于一般品种，应以销量确定其采购量，以本单位前三年相应季度、月份的平均销售量为依据确定该品种的采购量。一般情况下，药品一次最大采购量为半年销售量，西药、中成药一次最大采购量为季度销售量。

② 选择正确的采购业务经营方式。

a. 大量采购的方式。即把同一种药品一次大批量地采购进来。它适用于以下情况：某种药品畅销，供不应求，市场容量大；几个医药企业联合起来共同采购；某种药品价格降低，药品的销售趋势看好；某些药品货源供应不稳定，同时医疗上又急需。

b. 适量采购的方式。即对于均衡销售的药品，在企业保证有适当药品库存的条件下确定采购量。它与药品周转期的准确预测相结合。优势为加快药品周转，缓解库存压力，同时还能确保医疗急需。

（3）采购时间的确定　采购时间的确定，既要服从销售需要，又要考虑各种疾病的发病季节。进货时间同进货次数成反比，同每次进货数量成正比。但是进货量多，需要资金就多；进货次数多，开支的费用相对也多。因此，把资金占用和进货费用加以比较以后，

53

选择一个最佳点，进而确定进货时间。

① 正常经营药品采购时间的确定。一般是按药品的日平均销售量来估计，在不发生脱销、维持最低库存时进行药品采购。除正常采购外，在药品调价时也可以提前或延后进货，但要计算采购的受益度和增减库存量的得失之间的差额。

② 特效药品采购时间的确定。特效药品是指对某些疾病具有特殊疗效的药品。例如，感冒的发病季节在春冬两季。确定这类药品的采购时间，既要掌握感冒的多发时间段，又要准确预测销售动向，从中选出药品采购的最佳时间。

（4）采购方式的确定

① 对急需的品种，对名、优、特药品，一般采取单纯性采购方式。这有利于洽谈采购价格，有利于提高经济效益。

② 对药厂和其他批发企业的采购，可采用对调采购方式。这种方式对购销双方都有益，在购进的同时，开展了销售；在销售的同时，又开展了购进。货款可相互利用，在货款紧张的情况下，采用此法较好。

③ 对某些大宗品种，通过信息分析与预测，若发现在未来的市场有潜力或价格有调高的可能，可采取储备采购方式。此方法风险性大，若预测准确，则效益可观。

（5）供应商和采购渠道的确定

① 对大宗品种，应从药厂或生产地采购，所购药品应具有价格低、质量好、批号新的优点，还可采取对调方式调给厂家急需的部分原生材料，起到扩大销售的作用。

② 对一般品种、零星品种及某些价格虽已上调却还能按原批价率执行的大宗品种，可从其他批发企业购进。

③ 对与公司业务关系较好的单位，可定期相互采购部分品种，这样可互相调剂余缺，调整库存结构，相互交换地方药品。

④ 对本地产的药材，可通过收购渠道采购。这样可以保证质量，价格低廉，还可发展药农经济。

4.3.2 选择药品供应商

供应商的选择直接关系到药品经营企业药品质量的高低和是否盈利，因此，供应商的选择特别重要，主要从以下几方面考虑。

（1）利益　选择供应厂商，意味着工商、商商利益的结合。因此，要选择价格竞争力强、产品差异大、推广促销力强的供应厂商。

（2）地区　从货源供应上考虑，应优先选择药品质量好、供货力强、优惠供货的供应厂商，一般应先考虑本地厂商、邻近地区厂商和国内具有较强实力的厂商。

（3）实力　要选择历史凝聚力强、盛衰互补力强、广告宣传力强的供应厂商。

（4）有关指标

① 收购率。

$$收购率=\frac{供应厂商收购额}{收购总额}\times100\%$$

② 毛利率。即一定时期内从某供应厂商收购药品销售后的毛利率。应将其与平均毛利率进行比较。

$$某供应厂商毛利率 = \frac{某供应厂商收购药品销售毛利额}{各供应厂商收购药品销售总额} \times 100\%$$

$$毛利额 = (销售价 - 收购价) \times 销售量$$

③ 履约率。即一定时期内某供应厂商签订购销合同的履约率。应将其与平均履约率进行比较。

$$某供应厂商履约率 = \frac{某供应厂商收购金额实际数}{某供应厂商签订合同金额数} \times 100\%$$

$$平均履约率 = \frac{各供应厂商收购金额实际总数}{各供应厂商签订合同金额总数} \times 100\%$$

④ 退货率。即一定时期内从某供应厂商收购药品的验收退货和售后退货的比率。应将其与平均退货率进行比较。

$$某供应厂商退货率 = \frac{向某供应厂商收购药品的验收退货 + 售后退货}{向某供应厂商收额} \times 100\%$$

凡收购率高、毛利率高于平均毛利率、履约率高于平均履约率（当然还要分析履约品种结构）、退货率低于平均退货率的供应厂商，就是比较好的供应厂商。

4.3.3 签订购销合同

4.3.3.1 合同内容

（1）标的 在药品采购合同的洽谈中，标的就是药品的品名和规格。品名必须是药品的全称，规格包括包装规格和制剂规格。对于数量和质量的洽谈，数量表达要明确其计量单位，质量表达要明确包括药品的内在质量、外观质量和包装质量等。

（2）价格 在价格洽谈中，药品价格种类繁多，有出厂价、优惠价、批发价、零售价等，采购人员首先应弄清楚对方报价属何种价格，并根据自己掌握的价格情报衡量报价的高低，同时应明确产品包装费、折旧费、包装回收费、搬运费等。

（3）合同有效期、履约期限、交货方式和地点 在合同洽谈中，合同有效期、履约期限应明确，如"自签约之日起至某年某月某日有效"，避免使用"某月以前"或"某月以后"之类不明确的时间概念。交货方式应明确。在药品购销活动中，交货方式主要有送货制和提货制。交货地点应具体，避免不确定的地点。

（4）结算方式 洽谈结算方式，一要注意付款时间的问题，如是货到验收后付款还是款到发货；二要注意是用托收还是汇款或其他方式。

（5）违约责任 在洽谈违约责任时，要阐明供货方不按时交货将承担的违约责任；收货方不按时支付款项应承担利息赔偿的责任等。平时关系再好的企业，也必须明确违约责任。

4.3.3.2 购销合同样本

表 2.6 为药品购销合同。

表2.6 药品购销合同

供方_____

合同编号_____

需方_____

签订地点_____

签订时间_____

1. 药品名称、牌号、型号、厂家、数量、金额、交货时间及数量

药品名称	牌号	规格型号	生产厂家	计量单位	数量	单价	总金额	交货时间

合计人民币(大写)

2. 质量标准、供方对质量负责的范围及期限

质量标准:
供方对质量负责的范围及期限:

3. 交货地点、方式

交货地点:
交货方式:

4. 运输方式及运杂费负担

运输方式:
运杂费负担:

5. 验收标准、方法及提出异议期限

验收标准:
验收方法:
提出异议期限:

6. 结算方式及期限

结算方式:
期限:

7. 违约责任

违约责任:

8. 解决合同纠纷的方式

解决合同纠纷的方式:

9. 其他约定事项

供　方	需　方	签(公)证意见
单位名称(章)	单位名称(章)	经办人
单位地址	单位地址	
法人代表	法人代表	
委托代理人	委托代理人	
电话	电话	
电子邮件	电子邮件	签(公)证机关
开户银行及账号	开户银行及账号	(章)
邮编	邮编	年　月　日

4.3.4 购销合同的执行

4.3.4.1 开单

销售企业按照合同的有关规定，及时组织调拨开单，备调药品自开单日起，直调药品自工厂送货车到车站、码头并收取货款时起，即被列为待运药品，但其所有权属供货方。

中型批发商对本地小型企业和零售商企业实行现货供应，不签订购销合同，直接开单。

（1）调拨开单 调拨就是根据签订的药品买卖合同将库存药品及工厂交货进行具体安排，规定调拨单位和调拨药品的数量、品种和规格。调拨有两种方式：一种是调拨仓库内的储备药品，作为"备调"，又称"库调"；另一种是工厂交货直送车站、码头等待发运，不经过仓库环节，称为"直调"。

开单就是根据已确定的各项具体内容，填制各种调拨单据，作为发送药品的依据。

（2）调拨单据 通常使用销售发票。这既适用于储备和直调药品的调拨，又适用于自提。需要直调的，在直调发票中加盖直调章；需要自提的，在自提发票中注明"自提"字样。为确保开出的调拨单据正确无误，符合合同条款的规定，各单位都设置了买卖合同检查员和复核员两项专业工种，进行检查复核。

表 2.7 和表 2.8 分别为发货单（提货单）和收货单的样本。

表 2.7　发货单（提货单）

购买者（全称）＿＿＿＿＿　　　发货仓库＿＿＿＿＿　　　贮存凭证或栈单号＿＿＿＿＿

所属局＿＿＿＿＿　　　　　　　仓库地址＿＿＿＿＿　　　　　　＿＿年＿＿月＿＿日

货号、品名规格、牌号	国别、产地	包装、件数	单 位	数 量	单 价	总 价	实发数
危险品标志章及备注	运杂费	容器押金￥			总金额		
	人民币（大写）						

审核：　　　　　　　　制单：

表 2.8　收货单

供货单位＿＿＿＿＿　　　合同号码＿＿＿＿＿　　　开单日期＿＿＿＿＿　　　贮存仓库＿＿＿＿＿

发票号码＿＿＿＿＿　　　原定交货日期＿＿年＿＿月＿＿日　　　贮存凭证或桩脚号码＿＿＿＿＿

货号、品名规格、牌号		国别产地	包装件数	单位	应收数	实收数	单价	实收数金额
到车站（港）年 月 日	提运情况	提运号		起运地点		备注	出厂日期	
		运输工具		车船号			贮存期限	
		接运进仓日期		提货单号				

仓库主管　　　　　　点验员　　　　　　　复核　　　　　　　制单

4.3.4.2 药品交货

（1）代办发运 由销货方将药品送至车船上，装车装船前的费用由销货方负担，装车装船后的费用由购货方负担。

收到承运部门的发运通知单后，销货方即可通过银行结算货款，药品所有权也随之转移给购货方，成为购货单位的在途药品。批发企业大多采用这种方式。

（2）免费送货 销货方将药品直接送到购货方指定的仓库或其他收货地点，不收费用。中型批发企业多采用送货制，大型批发企业也可请工厂直接送货。

（3）自提自运 由购货方到销货方的仓库或指定的工厂自提自运。对方要求自提的大都采用这种方式。

4.3.4.3 货款结算

结算方式有先货后款（压批）、货到付款和先款后货3种形式，根据双方不同情况而定。

4.3.4.4 清查索赔

当药品已发货，货款已结算，购销合同执行后，药品销售过程也随之结束。但若药品运达对方后，有残损、变质、溢缺等情况，购货方则有权按合同规定向销货方提出查询和索赔，销货方应严格按合同进行赔偿，不得推诿。

4.3.4.5 购销记录

购进药品应有合法依据，并按规定建立购进记录，做到票、账、货相符。购进记录要按规定保存。购进药品必须要有真实、完整的药品购进记录。

购进记录的项目内容（表2.9）主要有：记录购进药品的日期（年、月、日）；记录药品名称、规格、数量、批号、剂型、有效期、生产单位、经办人；记录负责人的签名及国家药品监督管理局规定的其他内容。

表2.9 药品购进记录表

购进单位：＿＿＿＿＿＿＿　　　　　　　　　　　　　购进日期：＿＿＿＿＿＿＿

药品名称		数量		合同号码		备 注
规格		计量单位		发票号码		
批号		单价		贮存仓库		
剂型		总金额		验收标准		
有效期		提运方式		结算方式		
生产单位		其他				
经办人：				审核：		

要求：填写购进记录表时，要实事求是地、认真地填写。不得涂改，妥善保管。药品购销记录必须保存至超过药品有效期一年，但不得少于三年。对无购进记录的经营企业处以警告或者处以一万元以下的罚款。

4.3.5 合同的管理

完成一笔业务，要建立合同档案。凡合同及有关履行、变更和解除合同的往来文书、电话记录、电报、电传等均须归入档案保存。合同签订是业务的开始，合同签订后，双方均应按合同规定条款认真履行，销货方及时保质保量提供药品，购货方收到货物后，按约定的结算时间和结算方式支付货款，双方恪守信用，维护企业信誉，共同维护药品正常的流通秩序。

5 药品销售员

5.1 药品销售员概述

药品销售员一般是指直接从事药品批发业务的工作人员。从事药品批发销售工作的人员，应具有高中（含）以上的文化程度，且应经岗位培训和地市级（含）以上药品监督部门考试合格后，取得岗位合格证书，方可上岗。药品批发企业销售人员根据其目标客户的不同可分为以下 3 类。

（1）调拨业务员　负责与其他商业企业联系调货业务。

（2）终端业务员　负责药店诊所的配送和回款（基本上控制在现款）。

（3）医院业务员　负责大型三甲医院的送货和回款。医院回款一般是半年账期，社区和乡镇卫生院一般为现款客户。

5.2 药品销售员的职责

① 负责下游商业企业或者医院、药店的订单采集，宣传公司形象，扩大公司在区域市场上的竞争力，提高公司经营产品的销量，并尽可能提高毛利率（适当调控销售价格，减少物流费用）。

② 选择最佳客户，跟踪客户信息，了解客户资金状况，尽量避免回款超期或者不能回款的情况。

③ 与药品生产企业的促销活动密切配合，并有机地与本公司的市场开发策略或活动相结合，达到资源配置的最大化，以获取最高的利益。

④ 在工商、商商及进口药品的购销合同上，订明质量条款及标准。销售药品，要正确介绍药品的性质、性能和用途，要对客户负责。

⑤ 严格执行"适销对路"、"以销订购"、"择优选购的原则"。根据市场动态和库存状态合理提出建议，强化有效销售，保持合理库存，优化品种结构。

⑥ 严格执行"先进先销"、"近期先销"的原则，对长时间不动销、少动销或效期近的药品要积极采取措施解决并及时向有关部门反映汇报。

⑦ 接到质量问题通知单后，要立即停止销售，依照处理程序及办法及时处理。

5.3 药品销售员的素质要求

5.3.1 基本素质要求

（1）拥有丰富的知识　包括：产品知识、医药学知识、心理学和社会学知识、管理学和营销学知识、经济学知识和市场学知识等。

（2）熟练的技能　包括技能技巧、销售技巧等。

（3）热情、忠实可靠的服务态度　正确介绍药品，不虚假夸大和误导客户。

5.3.2　业务素质要求

① 保持良好的专业形象。服饰：整洁；仪容：干净、化淡妆；态度：诚恳；语言：包括肢体语言和非肢体语言，注意语气、语调；眼神：专注与环顾；表情：微笑；聆听：专心。记住，你只有一次机会给客户留下良好的第一印象。

② 自信、真诚。自信和真诚至关重要。要坚信你所从事的工作是高尚的，坚信你的工作是有益于大众的，要对你的工作、公司、产品和客户深信不疑。要让客户对你产生信任，让客户感到你和其他公司的职员是有区别的。要用恰当的语言表达你和公司很乐意与客户长期合作，但不要让客户感到不切实际。

③ 建立和谐的气氛。包括：专业形象；选择恰当的时机切入话题；使用恰当的称呼，使客户感觉自然且受到尊重；保持双向交流。

④ 如果客户兑现上次拜访中的承诺，应采取的行动是：表示衷心感谢，及时感谢给客户以信心，进一步表示出真诚合作的愿望；进一步说明在上次拜访中达成的共识并要求客户做下一步的承诺；根据实际情况提出适当要求。

⑤ 如果客户没有兑现上次拜访中的承诺，应采取的行动是：查询原因，可能是忘记了或是遇到什么特殊情况或困难等；重新说明在上次拜访中达成的共识，并且要求客户再次承诺采取这一行动。但要小心地处理客户的自尊心，注意客户和竞争对手的关系。

⑥ 收集、掌握信息。信息的来源：国家/地区、市场、商业公司、本公司、竞争药品等；信息的内容：相关政策、公司规模、经营状况、资金、人员、库存等。要持续地、清晰地传递关键信息。传递关键信息的目的是强化客户对公司及其药品以及市场的了解，增加对公司及其药品的兴趣与信心。传递关键信息的重点在于，对信息及时、充分的了解。包括：国家/地区的相关政策、市场情况形势的改变等。信息与客户的利益相联系。药品信息、公司商务政策、政府部门相关政策、市场最新动向等信息关系到客户新的销售增长点、利润的提高、员工技能的提高等。

5.4　药品销售员的业务工作

5.4.1　销售规范

按 GSP 的要求，销售员在销售药品时，要注意规范以下行为。

（1）销售对象的选择　应依据有关法律、法规和规章。要将药品销售给具有合法资格的单位。因此，在销售药品时，要对销售对象进行资格确认。

（2）销售票据和记录　药品销售应开具合法票据，做到票、账、货相符。要按规定建立销售记录，销售记录应记载药品的品名、剂型、规格、有效期、生产厂商、购货单位、销售数量、销售日期等项目内容。销售记录和票据应按企业"销售记录和票据管理制度"的规定进行保存。销售记录应保存至药品有效期 1 年，但不得少于 3 年。

（3）药品直调 因特殊需要从其他商业企业直调的药品，本企业应保证药品质量，并及时做好记录。药品直调是指将已购进但未入库的药品，从供货方发送到向本企业购买同一药品的需求方。因此，药品直调时，企业有商流，而无物流，药品不入库，这是最有可能发生质量失控的经营行为。当发生直调时，本企业质量验收人员必须对药品进行检查并做记录，检查地点可在发货方或收货方，但决不允许委托检查和验收。药品直调时，企业同样要做好购进记录、验收记录和销售记录。

（4）销售过程中药品质量问题的处理 对销售过程中发现质量问题要查明原因，分清责任，采取有效的处理措施，并做好记录。要针对销售过程中出现的质量问题按照企业的相应制度规定的处理办法和程序进行处理，并针对问题查找原因，明确责任，采取措施，做好记录。

（5）已售出药品质量问题的处理 对于已售出的药品，如发现质量问题，应按药品质量问题处理程序和相关制度及时向企业的质量管理机构和质量领导组织报告，必要时要向省市药品监督管理部门报告，要求采取措施及时追回药品并做好记录。

（6）特殊管理的药品 销售特殊管理的药品应严格按国家有关规定执行。

5.4.2 市场开拓

药品批发企业与药厂、医院、药店是紧密的战略伙伴关系。医院、药店本身不具备与药厂直接联系的条件：一是一次性进货品种少，需与多个厂家发生联系，增加工作量；二是经营品种多；三是没有检测手段。作为生产某一类药品或几个品种的生产企业，愿意利用药品批发企业强大的销售网络和物流配送能力，把药品交给批发商进行销售代理或物流代理，所以生产企业应与大批发商结成合作联盟。药品批发企业要对其所经销的药品质量负全责。

5.4.2.1 医疗市场的开拓

从药品批发企业进入医院的药品一般有以下 3 种情况，这就使得销售员的具体分工不同。

① 生产企业已将该药品在医院的前期开拓工作做好，只是利用批发企业进行物流配送，业务员只需等医院采购计划报到批发企业，携带送货清单、发票，负责送货就可以了。

② 对于普药之类的药品，则是医院主动向批发企业要货或者是业务员跟医院药库采购部门联系，业务员不仅负责送货还要负责回款。

对于业务员来说选择客户非常重要，及时了解客户的资金动向是最关键的。例如，一个医院要盖门诊大楼，那么送货要谨慎，以免回款不及时或者不能回款。此外，还要及时了解医院药品的销售情况，避免出现近效期的情况和退货现象，减少不必要的损失。

③ 厂家如果没有能力或精力掌控医院，会授权给药品批发企业做代理，由批发企业销售员来做市场开拓。

为确保经销代理的药品合格，在进行市场开拓时需备齐以下资料：药品代理委托书、业务员身份证复印件、质量保证协议书、质量体系调查表、药品生产批件、药品质量标准、产品样品包装、说明书原件、厂家与医药公司的购销合同、随货通行单、增值税发票（为了退税）等。

5.4.2.2 零售市场的开拓

对于连锁药店的开拓，主要是同厂家联合和连锁药店签订共建网络协议，规定批发企业以比较低的价格（与独立药店相比）给其供货，但要求连锁药店的药品价格不能低于市场价销售，由销售员送货。有的连锁店也直接从批发企业进货。

对于独立药店的开拓，销售员应与药店负责人一起协商。

批发企业之间主要靠价格、送货时间（如承诺 48 小时送货）及付款方式（如月结、售完付款）等进行竞争，只要在这些方面优于竞争对手，则一般会与药店达成供货协议。

5.4.3 终端维护

所谓终端，就是指一切能够直接面对消费者，能够形成直接销售的单位，包括 3 种类型：第一终端，目标医院；第二终端，药店，包括连锁药店；第三终端也就是乡镇卫生院、诊所及配送不能覆盖的农村市场。第三终端是个新兴概念，又称广阔市场。在第一、第二市场竞争激烈接近饱和的情况下，对第三终端的掌控决定着一个公司的增长点。

5.4.3.1 政策维护

在营销策略上，企业通过设立客户信息表，进行信息反馈，不定期与厂家联合召开订货会，不定期搞促销活动等进行终端维护。一般都是批发企业依托生产企业进行促销活动，批发企业很看重在终端有影响力的产品和厂家，因为可以帮助他们做终端维护。有号召力的厂家特别受批发企业重视。例如，西安杨森有一个专门的终端维护团队进行终端教育工作，叫做 CME（continuous medical education），即持续性医疗教育。就是联系当地卫生局将卫生院或者农村诊所医生组织起来由其专职人员进行医学再教育，扩大公司影响力，树立公司品牌。

5.4.3.2 人员维护

对一个销售人员来说，维护好客户关系是必须具备的能力。

（1）使用备忘录或记事本　对客户进行跟踪随访的最好方法就是使用备忘录或记事本。每天要查看备忘录；注意事项记入备忘录时，突出需要的信息；每月整理一次备忘录，突出重点人物、情况。

（2）同客户直接沟通　电话联系、问候、重复销售信息；与客户交谈时，要热情、诚恳，给予客户所需的帮助。

（3）建立客户档案　如会面日期、讨论内容、信息发送日期、跟踪随访时间、账款支付或销售完成日期等。

（4）使用客户信息表　使用一张事先打印或复印好的表格，分析整理与客户的交谈内容，表格上列出的是常规问题，可根据实际需要做调整和改动，随时带几份在身边，以便于随时使用。

（5）使用卡片　利用随身携带的卡片可记录下客户的有关信息。这些卡片很有价值，使销售者可以随时同客户保持联系，掌握客户信息，有利于充分利用琐碎时间。

5.4.4 售后服务

5.4.4.1 GSP 对售后服务的规定

①对质量查询、投诉、抽查和销售过程中发现的质量问题要查明原因、分清责任，

且采取有效的处理措施并做好记录。

②企业已售出的药品如发现质量问题，应向有关管理部门报告，并及时追回药品和做好记录。

5.4.4.2 售后服务内容

(1) 提供药品使用、保管等方法的服务 ①将正确的使用、保管方法，从头到尾解释清楚。②将药品的特性及应注意的事项，一一列举告诉客户。

(2) 定期的巡回服务 ①将巡回的目的、性质、范围详细地列出。②巡回服务的对象，应事先列成名次，一一安排行程及日期。③对于欲巡回服务的对象，应事先通知，使客户心理上有所准备。④对于巡回服务工作的执行，要使客户有宾至如归的感觉。

(3) 处理顾客抱怨及退货等事宜 退货的原因及防范对策如下。①发货错误。销售人员、交货管理承办人员应严密查核。②品质不良。应彻底实施发货前检查，如有发生问题的可能性时，应事先取得客户的谅解，严把生产质量关。③不当退货。因根深蒂固的商业习惯无法即时消减，业务承办人员应与客户保持良好的关系，将不当退货的发生防患于未然。④交货延迟。如发生交货延迟，应首先取得客户的谅解。⑤保管不当。严格执行药品保管制度，提醒客户正确的保管方法。

处理顾客抱怨及退货的注意事项：①克制自己的情绪；②要有自己代表公司的感觉；③以顾客为出发点；④以第三者的角度保持冷静；⑤要倾听；⑥迅速第一；⑦真诚是对待顾客抱怨的最佳方案；⑧就算是顾客的错，也要以顾客满意为目标解决问题；⑨必须恢复顾客的信赖感；⑩绝对不要与顾客为敌。

处理顾客抱怨及退货的10个禁句：①这问题连孩子都会；②你要知道一分钱一分货；③绝对不可能有这种事发生；④请你找厂家，这不关我们的事；⑤嗯……我不大清楚；⑥我绝对没说过这种话；⑦这不知道怎么处理；⑧公司的规定就是这样；⑨你不识字吗；⑩改天再通知你。

退货处理操作步骤如下。①倾听。以诚恳和蔼的态度认真听取顾客要求退货的原因。②检查。仔细检查要求退回的药品包装、批号、外观质量、购货小票，确认为本公司所售药品。③记录。将情况记录在销货退回药品台账或售后服务记录上。④道歉。对顾客购买药品带来的烦恼表示诚恳的道歉。⑤征询顾客意见。看是否同意以货换货。⑥处理。双方协商意见一致后，办理退货手续，开出红票，顾客签名。⑦后处理。将退回药品进行质量验收。质量合格可以继续销售的做必要账务处理后入库或陈列柜台；质量不合格者则进入不合格区，登记不合格药品处理记录，做进一步处理。⑧通报。将药品退回原因、处理结果向有关部门及员工通报，以期引起重视，并在服务工作中加以改善。

6 仓储养护员

6.1 药品验收员

药品验收员负责对药品包装、外观质量等进行验收，保证入库药品数量准确、质量完好，防止不合格的药品和不符合包装规定要求的药品入库，并填写药品质量验收记录。药品验收员需具有高中（含）以上的文化程度，经岗位培训和地市级（含）以上药品监督管理部门考试合格后，取得岗位合格证书后方可上岗，对购进的药品进行入库前验收。

6.1.1 药品验收员的职责

① 根据 GSP 的有关原则做好"十验四清一核对"工作。

a. 十验。验品名、规格、品质、数量、批号（或生产日期）、批准文号（或生产许可证号、药品进口注册证号、器械鉴定批准号、在产产品登记号）、有效期、包装标志、注册商标、合格证。

b. 四清。指品质情况记录清、包装情况数量清、批号期限标记清、验收手续清。

c. 一核对。核对化验证、合格证、说明书与产品质量标志是否相符；对首次经营的品种，第一批交货时必须通知质管部门抽验。

② 对所验收药品的质量负责。

a. 按照本企业有关药品质量验收的规定，对药品逐批进行验收，验一批记录一批，每月最后五天汇总上报并对其准确性负责。做好验收记录，并在验收记录单上签字，以示负责。

b. 发现质量问题要及时联系处理并做好处理记录，记录保存 5 年。积累资料充实药品质量档案。

c. 进口药品的验收，要按照 GSP 的要求进行验收（必要时全面开箱验收），细致核对厂牌、国别、品名、规格、注册商标、批号、有效期等内容是否与法定口岸药检所出具的《进口药品检验报告书》相符。发现破箱、破碎、短缺、与药品实物不符或有违禁物品，要保持原状，逐级上报，并通知主办进货部门迅速联系处理，查看商业单位提供的《进口药品检验报告书》复印件是否由该单位加盖（原始）红色印章。

③ 对验收记录的真实性、准确性、完整性负责。
④ 对验收工作的及时性负责。
⑤ 对验收操作是否规范、是否符合 GSP 要求负责。

6.1.2 药品验收员的业务工作

6.1.2.1 药品验收员的业务工作内容

① 药品验收员在验收药品时，应核对药品采购计划，对与计划不符者，请药品采购员予以解释。

② 检查药品规格、数量、剂型、生产厂家、出厂日期、有效期、外包装、批发价、折扣价，对于药品剂型、规格、数量与发票不符者，不予入库；对于有效期短（特殊情况另定）、外包装破损、污染等可能影响药品质量者，退回医药公司。若批发价、折扣价有变动，通知采购员与医药公司联系，供货方应提供调价依据，进行确认或冲减。

验收员对下列情况有权拒收：a. 未经卫生行政部门或有关主管部门批准生产的品种；

b. 假冒厂牌和商标的药品，以及无注册商标的药品；c. 工厂未做检验或正在检验尚无确认合格结论的药品；d. 无法定标准或药品质量不合标准规定；e. 无化验报告、测试报告或出厂合格证书；f. 技术标准对某项指标没有规定，而药品的实际质量又严重影响其使用价值或完整性；g. 包装及其标志内容不符合规定要求，或缺乏必要的使用说明。

若各项目均符合要求，则由药库管理人员在发票上签字入库、打印入库清单。药库管理人员再核对入库清单和发票，相符则签名存查，对有某方面不符合规定不能入库的药品，另行登记、备查。

③ 对进口药品的验收，要求供货方提供有红色印章的口岸药检所出具的《进口药品注册证》、《进口药品检验报告书》复印件。该报告书应明确标有"符合规定，准予进口"的结论。核对检验报告书的药品名、规格、批号、有效期与药品实物是否一致。对于有疑问的检验报告书，上报有关主管部门，请求确认。

④ 特殊管理药品的验收：对麻醉药品、一类精神药品、医疗用毒性药品，实行双人验收制度。首营药品、销后退回药品的验收：验收首营药品，应检查与购进药品相同批号的药品出厂检验报告书；销后退回药品，按进货验收规定验收，销后退回的药品应专人管理，专账记录，无论是否属质量原因退货，均应按规定验收。

⑤ 企业对质量不合格药品进行控制性管理。发现不合格药品，要按要求和程序上报，明显标识，专库区存放，查明原因，分清责任，及时处理并预防，确认、报告、报损、销毁手续完备，记录规范，并进行汇总、分析。

6.1.2.2 药品验收员的业务工作方法

（1）药品验收的方法

① 验收抽样的注意事项。对购进、销后退回药品逐批验收；验收抽取的药品应具有代表性；验收抽样科学；对包装、标签、说明书、证明文件逐一检查。

② 抽样方法。批购进数量为50件及少于50件，抽2件；50件以上，每增加50件多抽1件。每件上、中、下抽3个以上小包装。如外观有异常，加倍抽样复检。

（2）药品验收记录

① 内容。包括供货单位、批号、数量、生产厂商、到货日期、有效期、品名、质量状况、剂型、验收结论、规格、验收人员。验收记录要规范、完整。

② 验收记录填写要求

a. 可按药品剂型分别填入表内。

b. 品名、规格、单位、生产企业按实货填写，生产批号应逐批填写。

c. 批准文号按实际情况填写。注册商标、合格证填写"有"或"无"，进口药品及直接从本地药厂进货需索取检验报告书填写备注栏内。

d. 有效期限和使用期限应填写×年×月×日。

e. 外观质量可按实际情况填写，除性状（色泽）外，均应以百分比表示。

f. 包装质量情况，内外包装符合要求填写"合格"，不符合要求填写实际情况。

g. 根据验收综合情况做出合格与不合格结论。

表2.10为药品验收记录。

表 2.10 药品验收记录

到 货 日 期							
品名							
规格							
单位							
数量							
供货单位							
生产日期							
生产企业							
有效期							
批准文号							
注册商标							
合格证							
许可证号							
外观质量情况							
包装质量							
验收结论							
验收员签字							

6.2 药品仓库保管员

药品仓库保管员负责对库存药品进行合理储存，对仓间温湿度等储存条件进行管理，按月填报近效期药品催销表，根据凭证进行药品的收发。保管人员均需具有高中以上文化程度，需经过专业或岗位培训，并经地市级（含）以上药品监督管理部门考试合格，取得岗位合格证书后方可上岗。

6.2.1 药品仓库保管员的职责

① 熟识仓库特点，按药品性质和储存要求分类储存保管，严格执行色标管理，及时采取措施调整仓库温湿度。

② 严格执行"先进先出，近期先出"的发货原则，按规定合理堆垛，按规定时间报送近效期药品情况，不误发不合格药品。

③ 严格凭规定的凭证收发药品，不错不漏，并做好复核记录，不准白条顶替（急救的特殊情况经部门负责人批准者例外）。发现包装破损要及时整理加固。发生溢缺差错应迅速查明原因，逐级汇报，按规定的程序处理。对放置时间过长的药品要按时催售。退货药品、不合格药品和待验收的药品，应分类保管并有明显标志，及时催办。

④ 配合药品养护员做好养护、质检工作。发现质量有异，未确定药品是否合格不应发货，已停销药品不得发货。

⑤ 仓库验收员未验收的药品不得做销售发货处理。

⑥ 按规定做好特殊、危险、贵重药品的分仓分类储存，且做好需要特殊方法保管的药品保管工作。

⑦ 经常保持库房整洁、堆垛整齐，不倒（侧）放、不乱放。做到轻拿轻放，文明作业。

6.2.2　药品仓库保管员的业务工作

① 按照安全、方便、节约的原则，合理利用仓容。药品堆垛应留有适当的墙距、垛距、顶距、灯距、底距，并做到堆码合理、整齐、牢固、无倒置现象。药品与墙、屋顶（房梁）的间距不小于 30cm，与库房散热器或供暖管道的间距不小于 30cm，与地面的间距不小于 10cm。

② 按药品质量、性能及储存要求分类存放，不同性质的药品不能混存、混放。药品与非药品、人用药与兽类药、内用药与外用药、一般药与杀虫灭鼠药、处方药与非处方药以及性能相互影响、易串味、名称容易搞错的品种，必须严格分开存放。麻醉药品、一类精神药品、医疗用毒性药品、放射性药品，要专库或专柜存放，双人双锁，专账记录，账物相符。二类精神药品要有相对独立的储存区域，加强账、货管理，严格管理制度。

③ 根据药品温湿度要求，按照规定的储存条件存放。将需要保存在 −20℃ 以下的药品放冰箱冻格保存；将需要在 2～8℃ 冷暗处保存的药品存放在冷库里；将需要在 25℃ 以下阴凉处保存的药品存入阴凉库；室温保存的药品存放在室温库，相对湿度控制在 45％～75％。

④ 不合格药品（包括过期失效、霉烂变质的药品）应存放在不合格品区，并有明显标志。不合格药品的确认、报告、报损、销毁应有完善的手续和记录。药品储存实行色标管理，其统一标准是：待验药品区、退货药品区为黄色；合格药品区、待发药品区为绿色；不合格药品区为红色。

⑤ 设立在库效期药品管理表和效期标志，对近效期药品应按月填报效期报表。对储存中发现有质量疑问的药品，不得摆上柜台销售，应及时通知质量管理人员进行处理。对存放达 5 年的药品应及时抽样送检并做详细记录，保证库存药品质量完好。

⑥ 按生产日期或批号将库存药品顺序存放，后生产的在下，先生产的在上；远期的在下，近期的在上。贯彻药品"先产先出"、"近期（失效期）先出"和按批号发货的原则。

⑦ 按单配货保管人员接到出库凭证后，按其所列项目核查无误，先核销实物卡片上的存量，然后按单从货位上提取药品，按次序排列于待运货区。复核保管人员将货配发齐后，要反复清点核对，保证数量、质量。既要复核单货是否相符，又要复核货位结存量来验证出库量是否正确，发出的零星药箱在核对包装时要有两个人在场，发出特殊管理的药品、贵重药品，也必须有两个人，仓储部门领导必要时要亲自进行复核。

⑧ 编配包装。理货待运整包装药品可以直接运输，零星药品需要集中包装。包装妥善后，在出库凭证上填写实发数，整箱注明包装情况，零箱注明箱号，并计算件数、毛重、体积，向组织计划部门点交。运输人员按照运送要求，分单位集中，进行发运准备。

⑨ 销后退回药品的管理。凭销售部门开具的凭证收货；存放于专区；专人保管，专账记录，待验收合格记录后，放入合格品库（区）；退货记录保存 3 年。

⑩ 对验收中发现质量或数量不符的代管品，负责代为妥善保存。未经解决，不得调出销售，应另类存放，并挂上代管标签，避免错销错调。对被确定为伪药、劣药的在库药品，一律不准调出销售，要妥善管理。待上级做出处理意见后，遵照执行。

⑪ 根据本药店的制度，定期组织人员盘点。盘点内容除药品剂型、规格、数量外，还有药品的有效期、有效期内药品有无变质现象。对盘点后发现账、物不符合，要及时查找原因，予以更正。对有效期较近的药品及时报告，减少企业损失，对有效期内变质的药品及时报废。必要时可随时进行盘点。

6.3 药品养护员

药品养护员负责定期检查在库药品储存条件及库存药品质量，采取科学有效的养护方法，定期汇总、分析和上报药品养护质量信息，指导保管员对药品进行合理储存，负责验收养护储存仪器设备的管理等工作。药品养护员需具有高中（含）以上的文化程度，经岗位培训和地市级（含）以上药品监督管理部门考试合格后，取得岗位合格证书后方可上岗，对入库的药品进行日常养护，保证药品质量。

6.3.1 药品养护员的职责

① 对经验收后入库的合格药品，负责按不同种类、不同性质、不同剂型分别采取相应的储存保管方法，妥善存放。

② 全面掌握在库药品质量情况，对所有品种的有效期，哪些品种易发霉、虫蛀，哪些易犯油，哪些易挥发等要心中有数。分别采取重点检查、经常检查和定期检查等不同方法，把库存品有条理、有计划、有相应措施地管理好，尽量把变异损耗减小到最低限度。

③ 遇到药品变异性质严重或数量较大时，应及时上报经理，以便采取挽救措施，避免更大的损失。

④ 被确定为伪药、劣药的在库药品，一律不准调出销售，要妥善管理。待上级做出处理意见后，遵照执行。

⑤ 对西药中的精神药品和毒性药品、中药中的毒性药品以及麻醉药品和贵重药品，要严格按制度进行管理。

⑥ 对验收中发现质量或数量不符的代管品，负责代为妥善保存。未经解决，不得调出销售，应另类存放，并挂上代管标签，避免错销错调。

6.3.2 药品养护员的业务工作内容

药品养护员的各项工作都应以保证药品储存质量为目标。其主要工作内容包括检查、控制在库药品的储存条件，对药品进行定期质量检查，对发现的问题及时采取有效的处理措施。

① 指导保管人员对药品进行科学储存。药品养护员在日常管理过程中，应对在库药品的分类储存、货垛码放、垛位间距、色标管理等工作内容进行巡查，及时纠正发现的问题，确保药品按规定的要求合理储存。

② 仓储条件的监测与控制。药品仓储条件的监测与控制内容主要包括库内温湿度条件、药品储存设备的适宜性、药品避光和防鼠等措施的有效性、安全消防设施的运行状态。

库房温湿度监测及控制，每日上下午定时各一次。若库房温湿度超标，应及时调控，做好库房温湿度记录。

③ 对库存药品定期进行循环质量抽查。循环抽查的周期一般为一个季度，易变质药品要缩短抽查周期。

④ 对抽查中发现的问题，应提出处理意见和改进养护措施。配合保管员对有问题品种进行必要的整理。

⑤ 对于中药材和中药饮片，按其特性，采取干燥、降氧、熏蒸等方法养护。

⑥ 根据季节气候的变化，拟定药品检查计划和养护工作计划，列出重点养护品种，并予以实施。重点养护品种范围一般包括主营品种、首营品种、质量性状不稳定的品种、有特殊储存要求的品种、储存时间较长的品种、近期内发生过质量问题的品种及药监部门重点监控的品种。重点养护的具体品种应由养护组按年度制定并调整，报质量管理机构审核后实施。

⑦ 对于因异常原因可能出现质量问题的药品和库存时间较长的药品，报请质量管理机构复查处理。

⑧ 建立药品养护档案。表2.11为药品养护档案。

⑨ 对重点品种开展留样观察，寻找变化的原因及规律，为指导合理库存、提高保管水平和促进药厂提高产品质量提供资料。

⑩ 开展养护科研工作，逐步使仓库保管养护科学化、现代化。

6.3.3 药品养护员的业务工作方法

6.3.3.1 西药的一般养护方法

（1）影响药品质量的因素

① 日光、紫外线。对药品变化起催化作用，能加速药品的氧化、分解等。

② 空气。空气中的氧气、二氧化碳等气体易使某些药物发生化学反应而变质。

③ 湿度。湿度过大易使药物潮解、液化、变质或霉烂；湿度过小容易使某些药物风化。

④ 温度。温度过高或过低都能使药物变质。储存时，要根据药物的不同性质选择适宜的温度。例如，各种生物制剂需低温保存，应置于冰箱内，温度保持在2～10℃。另外，某些药物因其性质或效价不稳，即便是在符合规定的条件下储存，时间过久也会变质。例如，抗生素、细胞色素C等。

表 2.11 药品养护档案

建卡日期：　　　年　　月　　日　　　　　　　　　　　　　　　　NO.：

品　　名		规　　格		生产企业		有效期	
别　　名		批准文号		地　　址		负责期	
外文名		批准文号		注册商标		使用期	
用　　途		生产许可证明					
质量标准		检验项目					
性　　状		包装情况	内：				
储藏要求			中：				
			外：				
质量问题摘要	年月日	生产批号		质量问题	年月日	生产批号	质量问题

（2）不同性质药品的保管方法

① 易受光线影响的药品。凡遇光易引起变化的药物，如银盐、双氧水等，见光易氧化分解，必须保存在密闭的闭光容器中，如采用棕色玻璃瓶包装。

② 易受湿度影响的药品。此类药物受潮后容易变质或发霉，如复方甘草片、氯化钙和酵母片等。可装入玻璃瓶内用软木塞塞紧，蜡封瓶口，外加螺旋盖盖紧。对于易挥发的药品，应密封后置于阴凉干燥处，应控制药库的湿度，使其保持在70%左右。库内湿度过大时，可辅用吸湿剂，如石灰、木炭等，有条件者应安装排风扇或通风器。在梅雨季节更应注意防霉，除应用排风设备外，在晴朗干燥的天气应开门窗通风，在下雾、下雨时应紧密门窗。

③ 易受温度影响的药品。受热后易变质的药物，如胰岛素、肾上腺素和各种生物制剂等，应置于低温处保存。例如，放在电冰箱内保存，将冰箱的温度调至2～10℃。

④ 易燃、易爆药品的保存。此类药品应分类堆放，隔离储存，保持一定的安全距离。要远离电源，仓库内严禁烟火，不准明火操作。危险品的包装和封口必须坚实、牢固、密封，要经常检查其是否完整无损和有无渗漏。如发现问题，必须立即进行安全处理。

⑤ 有效期药品的保存。各类药品既要严格遵守其特定的储藏条件，又要在规定的期限内使用，这样才能保证其有效性和安全性。做好有效期药品的保存，应做到以下几点：库房内设效期药品一览表，将每批药品失效期标明，库房人员可以通过效期药品一览表掌握到货、发货的有效期情况；每一货位要设货位卡，注明有效期与数量，记录发药、进药情况应与效期药品一览表相一致；货架设小牌注明数量和失效日期，发药时先取失效期最近的药品，要定期检查，按失效期先后及时调整货位。

6.3.3.2　中药的一般养护方法

（1）中药霉变和虫蛀的防治方法

① 日晒、烘干法。日晒能将药物干燥，且能将微生物杀灭。其具体方法是先将场地晒热，将药材摊放在席子上，时间为上午 9 时～下午 4 时，并应经常翻动，或在烤箱内以 45～50℃烘烤 5～6h。此方法不适用于含挥发油类中药。

② 采用除湿机。适用于结构严密的仓库，外界空气不能进入。

③ 阴干法。含挥发成分或日晒烘烤易溶化的药材，应置于通风处阴干。

④ 石灰干燥法。适用于受光或遇热易变质的贵重中药材。用石灰箱或缸干燥，石灰应占容器的 1/6～1/5。应注意，石灰失效后要及时更换。

（2）中药材的储存方法

① 一般用大干燥器、大塑料袋（外包纸箱或木箱）和缸等储存。用石灰或硅胶作干燥剂，或用沙子埋藏。用于党参、怀牛膝、板蓝根、山药等。

② 用花椒防虫。用于有腥味的动物药，如乌梢蛇、蕲蛇、海龙和海马等。

③ 用大蒜防虫。用于土鳖虫、斑蝥、全蝎和红娘子等。

④ 用酒精防虫。于缸底放置一盛酒精的开口瓶，码放药材，如瓜蒌、枸杞子等（50kg 药材用 95％酒精 0.5～1kg），然后用 2～3 层塑料布将缸口扎紧。酒蒸气能将虫卵和成虫杀死。

（3）中成药的储存方法

① 中药片剂。必须储存于阴凉、干燥和通风处。对于光敏感的片剂，应闭光储存；受潮易变质的片剂，包装内可放入干燥剂。

② 药酒。应密封、闭光储存。

③ 糖浆。密封、闭光储存。

④ 蜜丸。易吸湿发生霉变，应密闭置阴凉处保存，并要经常检查。

⑤ 蜡壳丸。通常可存放 3～4 年，但应置阴凉处。

⑥ 水丸。其颗粒疏松，易吸湿霉变，故应密闭置阴凉处保存。

⑦ 散剂。须用蜡纸包装，于阴干处存放。

⑧ 茶剂。储存方法同散剂。

⑨ 冲剂。一般用塑料袋包装，应严防潮湿。

⑩ 膏药。如狗皮膏、拔毒膏等，多含有挥发成分，温度过高或储存时间过久，不仅

会使成分挥发，还能降低其黏度或使药层脱落。应置塑料袋内，于阴凉处储存。

总之，要根据原料和剂型决定其保管方法。大多数中成药有强吸水性、易被空气氧化、易霉变，储存时以环境干燥、密闭和阴凉为原则。因中成药多含糖、淀粉和脂肪等有机物，极易遭鼠害，因此，中药库须有防鼠设备。

7 药品储运员

7.1 药品储运员概述

药品储运员负责药品运输业务，可分为内勤与外勤两类。内勤人员主要是指在室内办理有关运输业务、计划统计、票据结算的工作人员。外勤人员主要是指组织运输货源、托运货物、接车收货、监装监卸、车站码头接单、理货等室外操作人员。药品储运员需具有高中（含）以上的文化程度，经岗位培训和地市级（含）以上药品监督管理部门考试合格后，取得岗位合格证书后方可上岗。

7.2 药品储运员的职责

① 依照发货单据，认真清点件数，不遗留药品，准确交接清楚。

② 发现药品和单据不符，应立即与保管员联系处理。

③ 发现包装破损、被污染或有影响药品安全运输的情况，应立即与保管员联系处理，未处理妥当，应拒绝接纳。

④ 注意装货安全，轻拿轻放，大不压小，重不压轻，药品不倒（侧）放，捆扎包装不牵带，防止污染、水湿和破损，按箱外标示要求做好药品运输保护工作。

⑤ 接运外地到货，必须注意检查包装质量。发现残破、短缺、污染等情况，要及时联系运输部门取得货运记录，以便分清责任，及时处理。

7.3 药品储运员的业务工作

① 根据药品流向、运输线路条件和运输工具状况、时间长短及运输费用的高低，进行综合研究，在药品能安全到达的前提下，选择最快、最好、最省的运输方法，努力压缩待运期。

② 检查发运药品的名称、规格、单位、数量是否与随货同行发票相符；有无液体药品与固体药品合并装箱的情况，包装是否牢固和有无破漏；衬垫是否妥实，包装大小、重量等是否符合运输部门的规定。由生产企业直调的药品，应经本单位验收合格，药品未经质量验收，不得发运。发运药品应单同行，对不能随货同行的单据，应附在银行托收单据内或于承运日邮寄给收货单位。

③ 填制运输单据，做到字迹清楚，项目齐全。发运药品应按每个到站（港）和每个收货单位分别填写运输交货单，也可用发货票的随货同行联代替。拼装整车，必须分别给收货单位填写运输交接单，在药品包装上加明显区别标志。

④ 药品装车前，按发货单核对发送标志和药品标志有无错漏，件数有无差错，运输标志选用是否正确，然后办好运输交接手续，做出详细记录，并理清该批药品的搬运装卸注意事项。根据药品自然属性，对怕冻、怕热药品应根据季节和运程采取相应措施，组织保温车或冷藏车发运，必要时应派人押运。危险品发运，按危险品运输规程办理。

⑤ 搬运、装卸药品，按照外包装图示标志要求堆放和采取保护措施。一般来说，药品包装多为玻璃容器，易碎、怕撞击、重压，故搬运时必须轻拿轻放，防止重摔，液体药品不得倒置。如发现药品包装破损、污染或影响运输安全时，不得发运。

⑥ 向要货单位和使用者正确地介绍药品的性能、用途、用法、剂量、禁忌和注意事项等，不夸大宣传，不滥行推销。

⑦ 定期检查发运情况和待运药品情况，防止漏运、漏托、错托，保持单据完备。对有效期和规定发运期限的药品，单据上要有明显标志。

第三部分

药品生产企业的销售管理

药品生产企业的营销机构简介

现代药品生产企业的营销部门有多种组织结构。任何营销机构的组织形式，都必须适应营销活动4个基本方面的要求，即发挥功能、合理布局、注重产品和满足顾客。药品生产企业常见的营销组织机构有下面3种。

（1）职能型营销组织机构　职能型营销组织机构（图3.1）是药品生产企业最常见的营销机构组织形式。即根据职能需要设立相应部门，各营销职能部门处于平等地位，均隶属于企业主管营销的总经理，一般由企业的副总经理兼任。各部门对营销总经理负责，营销总经理负责协调他们的活动。职能型营销组织机构常由6个部门组成：营销行政事务部、广告部、销售部、市场部、财务部和新品部。除此之外，还可根据实际需要增设其他部门，如商务部、客户服务部、药品配送部等。

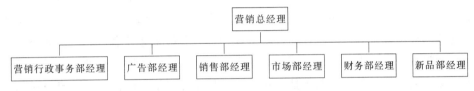

图3.1　职能型营销组织机构

按照营销职能设置营销机构的主要优点是易于管理。但随着企业药品品种的增多和市场扩大，这种形式越来越暴露效率低的弱点。首先，没有人对药品或市场负完全的责任，因而就会出现某些药品和特定市场的计划工作不完善的情况，未受到各职能部门偏爱的药品就会被搁置一旁。其次，各职能部门都争相要求自己的部门获得比其他部门更多的预算和更重要的地位，营销总经理不得不经常仔细审核相互竞争的各职能部门所提出的各种要求，并面临着如何进行协调的难题。

（2）区域型营销组织机构　如果药品生产企业有健全的营销网络，药品在全国范围销售，则通常按照地理区域设立营销机构，负责该地区的营销工作。这种机构实际是对上一种模式的改进。假设该企业在全国划分了4个营销大区，每个大区又包含若干销售地区，每个地区配备若干名医药代表和商务代表，则可用图3.2表示区域型营销组织机构。

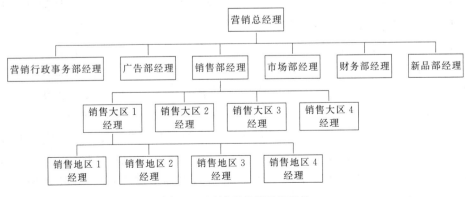

图3.2　区域型营销组织机构

在这样的营销组织机构中，由销售部经理全面负责销售工作，其他销售职能部门各司其职。销售地区机构成为具体实现企业营销计划的承担者。区域经理的职责是代表企业管理好该区域的营销资源，将营销终端工作做精做细。这种营销组织机构形式是目前我国药品生产企业常用的模式。这种方法有利于促进区域活动的协调；有利于调动各个区域的积极性，从而取得地方化经营的优势效益；有利于培养能力全面的管理者。缺点是：由于机构重复设置而使费用增加，增加了最高主管部门对地方控制的难度，要求管理者具有全面的管理能力。

区域销售部门是药品生产企业市场营销部门的重要分支，与药品生产企业的各个部门有广泛的联系。为了有序、有效地开展工作，区域销售部门与各部门之间要有明确的职、权、利划分，并在此基础上确定相互间的互动方式。现仅就与之联系最紧密的销售部和市场部来讨论。

① 与销售部的关系。销售部是厂家的销售部门，是厂家的龙头部门，其活动对厂家的整体营销活动影响巨大。本质上，区域分支机构是厂家销售部门的重要组成部分，主要行使地区市场营销职能。在隶属关系上，区域分支机构对总部（销售部）负责，受销售部经理的直接领导和监督。区域经理由销售部经理提名并报批后任命，向销售部经理报告工作并受其监督。区域分支机构主要从事当地市场的药品销售、网络建设、市场调研、促销等各种市场营销活动，是厂家与当地市场之间的桥梁和纽带。销售部向区域分支机构（区域经理）下达年度销售目标和其他市场营销目标；为区域市场提供必要的协助和支援；为区域销售人员提供相关培训；授权区域经理行使相关权力。

② 与市场部的关系。市场部是随着厂家的发展而诞生的重要职能部门，是决策层领导下的智囊机构。许多大厂家都建立了市场部，目的是为了更好地参与竞争、规划未来。其主要工作内容是市场调研、营销策划（或市场策划）、广告宣传与公共促销。市场部细分为信息科、策划科、广告科和公关形象科。这一系列职能部门的有效运作大大提高了产品的市场适应力和影响力。所以，市场部已经成为组织机构中不可缺少的、最重要的部门之一，在市场策划、新药开发等方面有"很大的发言权"。区域分支机构与市场部在职能上有明显的区别：市场部开拓未来的市场，区域销售部门经营今天的市场；市场部宣传厂家形象和厂家创新精神，并为把新药推向市场，做好舆论宣传工作，区域销售部门重点从事产品推销；市场部侧重揭示顾客的需求和利益，区域销售部门侧重维护厂家的利益。当然，市场部并非完全独立的部门，它与区域销售部门有密切的关系——市场部是销售部门与市场两大系统的融合部分。市场部应在促进两大系统信息交流的基础上谋划营销战略。具体包括以下几个方面：a. 对区域市场进行分析研究，提出地区营销方案；b. 针对市场竞争进行一系列工作，搜集情报，研究动向，提出对策；c. 对市场的销售活动和售后服务工作提出指导性意见和改进方案，落实各项促销宣传活动；d. 支援区域市场的促销企划及促销实施活动。

（3）产品型营销组织机构 有多种产品或品牌的企业，常常设立产品或品牌管理组织。每个产品项目就如同一个微型公司那样运作，完成每个产品项目目标所需的所有资源完全分配给这个项目，专门为这个项目服务。产品主管对某产品或产品系列的所有职能活动拥有充分的职权，同时也对该产品的利润负很大的责任。我国医药行业中的一些中外合资企业就常采用这种模式。图3.3为产品型营销组织机构。

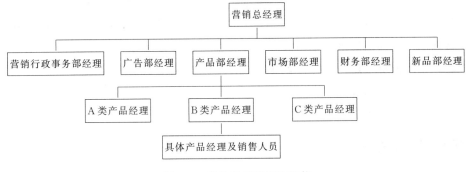

图3.3　产品型营销组织机构

这种划分部门的方法能够发挥个人的技能和专长，有利于部门内的协调，能迅速、有效地对目标和客户的需要做出反应，有利于产品和服务的改进和发展；能够明确利润责任，便于最高主管把握各种产品或产品系列对总利润的贡献；有利于锻炼和培养独当一面的总经理型人才。但是，这种方法要求部门主管具备更全面的管理能力，各产品部门的独立性较强而整体性则较差，资源不能共享，产品之间缺乏信息交流，且由于各个产品分部也需职能部门或职能人员而使部门重叠、管理费用增加。

销售部门主要人员的业务与管理工作

1　区域经理

1.1　区域经理概述

目前，我国许多医药企业的营销组织都在不同地理区域设置了分支机构，因此就有了区域经理这一职位。

市场往往由若干"区域市场"共同组成，市场的开发和经营通常通过"区域分支机构"来进行。区域分支机构是指从属于厂家的分公司、经营部、地区销售部、办事处等各级职能部门。厂家通过区域分支机构经营或协助经销商经营当地市场，可以将这些分支机构都纳入区域经理的管理范畴。负责大区经营的，是大区经理；负责省城市场经营的，是省级区域经理；负责地市区域的，是地市级区域经理；按照县城市场进行角色界定的，是县级区域经理。不管是哪一个层级上的区域经理，其营销活动的内容都是在同一个营销层面上进行，只是负责区域的大小和定位不同而已。

1.2　区域经理的职责

① 按照上级指示，制定本区域的营销计划，组织计划的实施，确保计划的完成。

② 定期总结工作，收集信息并及时汇报。

③ 指导下属人员的业务工作，调动下属人员的工作积极性，搞好团队建设。

④ 收集、汇总区域内的市场信息，制定明确的市场推广方案并组织实施。

⑤ 负责所辖区域营销例会的主持，总结上个阶段的工作，部署下个阶段的工作。

⑥ 做好部门间的沟通协调工作。

⑦ 做好下属人员工作的监督检查和绩效考评。

⑧ 做好客户关系的管理和维护工作。

⑨ 做好所辖区域市场的广告宣传工作。

1.3 区域经理的权限

（1）对上级　有向上级销售主管的报告权；有筛选客户的决策权及建议权。

（2）对下级　对辖区所属员工及各项业务工作有绝对管理权；有重大促销活动现场指挥权；有对直接下级岗位的建议权和任用的调配及提名权；对工作有监督检查权；有争议裁决权；有奖惩决策权；对管理水平、业务水平和业绩有考核权；有限额资金支配权。

（3）对外　有代表企业与政府相关部门和有关社会团体联络的权力；有一定范围内的客户投诉赔偿权；有一定范围内的经销商授信额度权；有退货处理权；有一定范围内的销货折让权。

区域经理在企业中担负着提高销售业绩的重要责任。在职能角色界定中，赋予了区域经理很大的自主权。对那些富有创造性的区域经理来讲，不仅为其提供了一个发展事业的良好舞台，同时也为其职业生涯增加了一笔丰厚的资本。

1.4 区域经理的业务管理工作

区域经理作为区域分支机构的负责人，是厂家在当地的全权代表，全面负责当地市场的开发和经营，并对区域销售目标负主要责任。区域经理受销售部负责人领导，在指导和管理区域内销售工作的同时，还需要协助市场部做好区域市场的调研、宣传、促销等活动。

区域经理接受销售部负责人的领导和业务稽查，跟销售部负责人保持联络、汇报工作、提出市场运作设想和建议，并接受监督和指导。负责传达、执行销售部下达的各项政策和行动方案。遵循销售部的总体市场策略，并结合区域市场的实际情况制定区域市场作战方略。根据公司年度的营销战略计划，制订自己所辖区域市场的年度营销计划，并负责执行，完成营销任务。

1.4.1 市场调研

市场调研是市场营销领域中的一个重要元素，它把消费者、客户、公众和营销者通过信息联系起来，具有定义市场机会和发现可能出现的问题，制定、优化营销组合并评估其效果的基本功能。市场调研是企业诊断运营过程中各种问题的有效工具。

1.4.1.1 市场调研实例

实例1 达克宁霜

西安杨森的达克宁霜早在1989年就进入了中国市场，是该公司的主导产品之一。在上市初期，该公司曾就如何使人们简单、明确了解该产品，做过大量的市场论证和消费者调研工作。通过问卷、面访、电访等手段，综合各类人群对脚气治疗的反映，得出结论：药物不仅要止痒，不再复发是关键。于是在达克宁霜的广告中特别强调减少复发的可能性，准确地抓住了消费者对消除脚气困扰的关键。长期以来，西安杨森形成了一套完整的市场调研方案：根据公司产品不同适应证，对影响人们用药水平的诸多因素，如人口、年龄、性别、心理、地理位置等进行了系统的研究和分析，做出了决定采取销售活动地区化的策略，确保公司能对需求变化做出更快、更准确的反应。达克宁霜正是凭借在大量调研基础上制定的营销策略和公司强大的分销网络，在国内大中城市的各个医院及药店站稳脚跟。此外，西安杨森还注重终端药店的营销，即使最偏僻的村庄也能见到达克宁霜。

实例2 白加黑感冒片

企业通过市场调研，发现目前市场上的感冒药普遍存在服用后产生瞌睡的现象。根据这种情况，公司开发出白天服白片、夜晚服黑片的白加黑感冒片。白加黑感冒片推出后迅速占领了市场，销售大获成功。

市场调研最主要的目的是寻求市场信息、行业信息、媒体信息、技术信息，解决医药企业对信息的需求，让企业了解和把握影响市场的各种因素，最终采取有效的市场策略，帮助理解消费者与市场的关系，迎合市场需求，寻求市场机会，提供市场决策依据，做到有的放矢，降低商业风险与营销成本。

市场调研要采用科学的方法收集信息与分析信息，是一项细致的、实践性强的综合性活动。需要遵循实事求是的原则，一切从实际出发，充分利用具体数据说话。这种理论联系实际的做法是"管理出效益"得以实现的基础。

1.4.1.2 市场调研的意义

随着我国市场经济的建立和逐渐完善，医药市场竞争将更加激烈。在激烈的市场竞争中，企业想占领市场并保持持续发展，一方面，必须重视顾客的需求，重视对顾客的研究，并以此为导向，不断创新；另一方面，必须实施现代市场营销策略。那么，如何准确把握顾客的需求，如何确定新产品信息？目前实施的营销策略是否有效，如何改进？这一切在很大程度上都依赖于有效的市场调查。市场如战场，只有知己知彼才能百战不殆。实践证明，没有调查的言论是空言论；没有调查的指挥是瞎指挥；没有调查的决策是乱决策。只有通过周密的市场调查，才能科学有效地制定企业的政策方针和营销策略。

1.4.1.3 市场调研的时机

企业对信息有着实时的需求，而且信息收集也是一个长期的过程。一般广普信息可以依靠平时积累。以下是需要正规市场调研的典型情况。

（1）项目投资

（2）国家项目申报

（3）新产品开发

（4）产品上市

（5）市场策略跟踪与调整

1.4.1.4 市场调研的内容

（1）产品上市的市场调研内容 企业产品上市的市场调研为制定相应的营销策略提供

充分依据；针对各通路环节确定相应的通路政策与战略战术；制定有的放矢的营销计划与营销管理制度。企业应收集的关键信息如下。

① 竞争产品信息，包括竞争产品的形态、价格、包装、广告、销售量分类统计等。

② 竞争企业的营销策略。

③ 经销商类型（直销、代理制、经销等）、经销商个数与密度。

④ 各地区零售商个数与密度的确定、零售商铺货政策。

⑤ 通路的政策要求、销售成本、流通效率。

⑥ 经销商、医院、零售商对药品进货的选择条件、对销售服务的期望。

⑦ 医生的用药心理（安全性、新鲜感、经济利益等）、用药习惯、对该类药品的认可程度、用药的品牌偏好性。

⑧ 消费者对该类药物的认知及认可程度、对药品的了解渠道。

通过对药店采用观察法调研，了解竞争产品的价格及 POP 广告等促销信息，针对专业媒体的监控了解竞争品牌广告策略。通过统计部门、行业协会、市场机构查询此类药品的销售分类统计，查询相关杂志、报刊关于此类药品的报道，收集二手信息资料。通过对经销商、零售药店、医院的访问，掌握销售渠道对该类药物的通路政策、广告及促销方面的支持，了解竞争对手在渠道方面的政策。通过对医生和消费者的访谈掌握医生和消费者各自的用药心理、用药习惯。

在掌握这些数据的基础上，可以分析目前市场的竞争态势及竞争对手的市场策略，分析各条通路的流通成本和流通效率，为通路的选择和通路政策的制定提供充足依据。通过对医生用药心理及需求的研究，使医药代表可以有针对性地对医生开展营销工作，并可相应地实施针对医生的广告、促销推广或策划方案。调查表明，随着消费者医药认识的不断提高，消费者要求医生指定性开药的比例也不断提高。掌握了消费者对药品的了解渠道和认知水平，可以对消费者开展针对性的产品推介工作。在分析了竞争产品的价格、销售成本及企业利润率的基础上，可以方便地定出产品最终的价格政策。

（2）营销策略追踪调整的市场调研内容　面对变化的市场和激烈的市场竞争，企业的营销策略不可能固定不变，其必须随着市场的变化而做相应的调整。因此，要经常性地追踪评估目前实行的市场策略的有效性，及时、及早地发现问题和机会，并做相应的调整，保持市场策略的正确性。一般主要从目前产品的市场销售状况和市场占有率情况、营销通路的有效性、医生对本品牌的认可及偏好性的提高、消费者对本产品的认识及偏好性的改变等几个方面来评估目前市场策略的有效性和有效程度，并结合竞争产品的市场销售状况和市场策略分析，可以使企业发现目前市场营销中的症结和潜在的市场机会。

由于营销策略的评估研究涉及整个营销过程，因此研究过程中涉及的信息也是全方位的。调研的关键信息如下。

① 本企业与竞争企业的销售统计数据。

② 各品牌的市场占有率。

③ 竞争企业的广告策略及广告投入量。

④ 各品牌产品的渠道流通量、渠道流通效率。

⑤ 渠道产品的流通去向及流通区域。

1.4.2 "经营"分支机构

很多区域经理或主任，更注重销售，在一定程度上忽视了"经营"的概念。分支结构虽小，但绝不是仅仅将产品卖出去就算完成任务，要有经营的核心概念，既要销售又要盈利。要对分支机构的发展进行长期规划，制定策略规避经营风险和进行价格战，要创造更多的利润，完成企业的战略发展目标。

1.4.3 销售管理

① 根据公司营销中心的营销管理体系构架，建立所辖区域市场的营销管理体系。

② 产品利润区和价值链的确定。分支机构是要为公司提供利润和战略支持的，没有利润就无法达到企业的可持续发展。为了产生利润、防御竞争对手，必须设计好自身产品的市场销售的价值链，通过高利润产品、低利润产品和无利润产品的合理搭配来创造总利润。

③ 市场管理及分析。要对目标市场进行细分，采取不同的营销方式，而且要时刻注意竞争对手的举动和市场环境的细微变化并采取相应措施，尤其要注意现有客户的巩固及销售服务工作的及时跟进。

④ 促销和广告管理。目前主要存在促销费用的计划性与实际市场情况的不确定性之间的矛盾。促销、品牌宣传、公关活动、现场推广等要在不超出总费用的前提下，根据市场的实际情况灵活调节。促销和广告一定要抓好机会和机遇。

⑤ 做好重大合同的谈判和签订工作。

⑥ 组织售后服务和终端维护，建设、管理和维护所辖区域市场经销商网络和终端网络的工作并制定经销商和终端商的考核措施。

⑦ 协同一线销售人员拜访客户、开发市场。

1.4.4 部署区域市场

企业要想在强手如林的同质产品市场竞争中求得稳健发展，必须首先建立起赖以生存的根据地——明确而稳定的区域市场。具体来说，部署区域市场的方略有以下几种。

（1）"滚雪球" 这种拓展战略是中小企业最常用的一种策略，即企业在现有市场的同一地理区域内，采取区域内拓展的方式，在一个地区站稳脚跟后再向另一个新的区域进军的拓展战略。具体来讲，这种战略的拓展以某一个地区目标市场为企业市场拓展的"根据地"和"大本营"，进行精耕细作，把"根据地"和"大本营"市场做大、做强、做深、做透，并使之成为企业将来进一步拓展的基础和后盾。在"根据地"市场占有了绝对优势和绝对稳固之后，再以此为基地向周边邻近地区逐步滚动推进、渗透，最后达到占领整个市场的目的。采取这种市场拓展战略的优势是：①有利于企业降低营销风险；②有利于保证资源的及时满足；③有利于市场的稳步拓展。

（2）"采蘑菇" 这是一种跳跃性的拓展战略。企业开拓目标区域市场的先后顺序通常遵循目标市场的"先优后劣"的原则，而不管选择的市场是否邻近。即首先选择和占领对企业最具有吸引力的目标地区市场，采摘最大的"蘑菇"，其次再选择和占领对企业较有吸引力的地区市场，即采摘第二大的"蘑菇"，而不管这个市场是否和原来的市场邻近。它的优点是：①企业能取得最佳的经济效益；②企业市场拓展战略具有灵活性、及时性。这种战略是企业普遍比较适应的一个战略，不但强势企业可以采用，弱势企业运用它也可以取得不错的效果。

（3）"化整为零"　将某一区域市场分成若干块相互关联的"战区"，每个"战区"再分成若干个相互呼应的"战点"，每个"战点"又可连成若干条紧密相连的"战线"，梳理市场脉络，突出重点，抓住关键，带动全局。

（4）"撒网开花"　指企业在拓展其目标区域市场时，同时向各个市场发动进攻，同时占领各个市场的方式。它具有极大的市场拓展能力，可以在非常短的时间内达到同时占领各个市场的目标。但是，这种战略成功的条件却极为苛刻，需要企业具有充足的营销资源、大量的开发费用和强大的调控能力，因此并不适应于一般企业或目前实力和经验尚不丰富的企业。

（5）"点面呼应"　各目标市场的布点尽量以某一中心城市为中心，以物流一日内可达客户的距离为半径进行点面整合，使之形成辐射状、同心圆形、扇形或三角形等市场格局。

（6）"保龄球"　各保龄球瓶之间存在一定的内在联系，只要击中关键的一个球瓶，这个球瓶就会把其他球瓶撞倒。企业在拓展市场时同样可以运用这样的方法。首先，攻占整个目标市场中的某个"关键市场"，然后，利用这个"关键市场"的巨大辐射力来影响周边广大的市场，以达到占领大片市场的目的。该"关键市场"的消费者一般具有较强的求新意识和较强的购买力，对新事物接受较快，消费需求具有极强的影响力、穿透力和辐射力。显然，这是实力较强的大企业才能选择的战略。例如，海尔集团的国内和国际市场拓展就是这样一个模式。

（7）"农村包围城市"　这是一种先易后难的市场拓展战略，即首先把目标锁定在较易占领的周边市场，积蓄力量，并对重点市场形成包围之势，同时也对中心城市形成一种无形的影响，等到时机成熟，一举夺取中心市场。在实践中，还常常伴随着"时空间断法"的运用。企业在占领周边市场的同时，会对中心市场进行一定的广告宣传，但是却没有产品的跟进，有意造成市场空缺，让销售和宣传有一段时空间断，令消费者由好奇到寻觅，由寻觅到渴望，形成消费势能的递增蓄积，为一举占领中心市场提供良好的基础。

（8）"以线穿珠"　以目标市场或其间的交通干线为主线，将交通枢纽城市贯穿成线，形成纵横交织的网络格局。例如，中原市场可以以郑州为中心，以京广线、陇海线为纵、横坐标轴，北连新乡、安阳，南抵许昌、漯河、信阳，西起西安、洛阳，东至开封、徐州，形成"十字形"连通的市场格局。

（9）"一点集中进入法"　这实际上是一种集中性市场营销策略，指在有多个目标市场的情况下，先选择其中一个，将所有销售能力集中，在短期内提高企业在这一市场的占有率和市场地位。这种方法的关键在于如何选点，主要从销售潜力、政治经济影响力两方面着眼选点。

部署区域市场的方略应具体到每个企业。由于产品线、目标市场、客户定位、资源充足程度、市场推广和管理能力等方面的不同，会产生不同的划分依据和拓展策略，无法简单拷贝。市场划分完成后，在认清自身实力的前提下，再对每一细分市场开拓的可行性和风险性做详细评估，先抓重点市场，从高到低，顺序发展。

1.4.5 人力资源管理

区域经理根据公司人力资源的战略规划和所辖区域市场的人力资源的需求状况，负责所辖区域市场的组织建设，与人力资源部门一起制定所辖区域市场人力资源规划。根据区域市场的人力资源需求状况，组织人员的招聘、面试、选拔和培训。根据公司的人力资源的管理体系，结合自己所辖区域的现状，负责营销队伍的组建、管理、指导和监督，负责与人力资源部门修订各岗位的工作职能和工作流程，建立绩效考核管理体系并负责执行。

区域经理在关注订单和业绩的同时，千万不能忽视分支机构的人力资源管理。首先，要系统、合理地安排下属的工作岗位，最大限度地克服团队内部惰性的产生。其次，要积极培养下属的工作能力和业务能力，为其工作开展创造良好的条件。另外，还应敢重用或提拔本地员工或新员工，带动团队的工作积极性。

1.4.6 公共关系管理

区域经理还负责所辖区域的公共关系工作，处理好和工商、税务、卫生、药监和城管等政府职能部门的外围关系。

1.4.7 客户关系管理

1.4.7.1 客户关系管理软件

客户关系管理（customer relationship management，CRM）是以客户为导向的、企业内部运营的前台办公平台（front office）。CRM的精髓在于，它是以客户为导向，通过办公协同（如客户关怀、客户挖掘、销售自动化、营销自动化、服务自动化等），借助先进的通讯工具，提高工作效率、提升管理水平的企业运营管理平台。CRM强调的是内部协同、内部工作的流程自动化、管理的量化和透明化。作为解决方案的客户关系管理，它集合了当今最新的信息技术，包括Internet和电子商务、多媒体技术、数据库和数据挖掘、专家系统和人工智能、呼叫中心等。在网络时代，客户关系管理指的是利用现代信息技术手段，在企业与顾客之间建立一种数字的、实时的、互动的交流管理系统。

如今，CRM系统已经被CRM厂家通过模型设计集成为管理软件系统——CRM管理软件，来为企业提供解决方案。

CRM软件的基本功能包括客户管理、联系人管理、时间管理、潜在客户管理、销售管理、电话销售、客户服务等，有的软件还包括了呼叫中心、合作伙伴关系管理、商业智能、知识管理、电子商务等。

1.4.7.2 客户关系管理的运作流程

（1）收集资料　利用新科技与多种渠道收集顾客资料、消费偏好以及交易历史资料，储存到顾客资料库中，而且是将不同部门或分公司的顾客资料库整合到单一顾客资料库内。整合后，有助于将不同部门产品销售给顾客，也就是交叉销售。这不但可以扩大公司利润，减少重复行政与行销成本，而且可以巩固与顾客的长期关系。

（2）顾客分类　根据各种不同的变数将顾客分类，勾勒每一类消费者行为模式。这样可以预测各种行销活动下各类顾客的反应。

（3）规划与设计行销活动　依据上述顾客分类模式为不同的顾客设计适合的服务与促销活动。针对顾客定期开展，有助于长期关系的建立。

（4）例行活动的执行与整合　传统上行销活动推出时，通常无法即时监控活动的反映，必须以销售成绩来断定。而顾客关系管理却可以通过对过去行销活动资料的分析，搭配电话作业与网络服务中心，即时进行活动调整。

（5）绩效分析与客户关系衡量　通过各种活动、销售与顾客资料的总和分析，建立一套标准化的衡量模式，衡量施行成效。顾客关系出现差错时，通过活动资料的模式分析，找出问题出在哪个部门、哪个人员，并寻找解决问题的途径。

以上的各程序必须环环相扣，形成严格的、不断循环的作业流程。这样才能以适当的途径，在正确的时间、地点提供最合适的产品与服务给顾客，实现企业与顾客双赢的局面，维持与顾客的长久关系。

1.4.8　广告宣传

广告是药品生产企业在开展销售服务及开拓市场时向顾客介绍药品疗效、特点、用途和使用方法，以及本企业坐落地点、招牌和经营特点的方法和手段。随着人民生活水平的不断提高，生活方式、消费结构的变化，消费者对药品不断提出新的要求，再加上药品生产的发展和药品的更新换代，新产品众多，使用价值也不一样，为了向消费者介绍新产品，以满足消费者千差万别的需要，广告的宣传作用日益重要起来。

对广大消费者进行广告宣传，要注意选好广告媒介。广告媒介一般有电波媒介（广播、电视等）、印刷媒介（报纸、杂志等）、其他媒介（橱窗、路牌、霓虹灯等）以及新型媒介（互联网、光纤等）。医药企业常用的主要是报纸、杂志、广播和电视四大媒介。这四大媒介由于特点各异，因而对消费者的影响也不同。

为了使广告能收到良好的效果，在选择广告媒介时，要从能影响该药品可能消费者的普及程度来确定。药品属于特殊商品，所以处方药只能选择专业性医药报刊作为媒介；在一定地区销售的药品，可选择地方性报刊作为媒介；需要向社会普遍宣传的药品，应选择普及性强的媒介，如电视、广播。这样才真正影响该药品的可能消费者，达到广告预期的效果。此外，广告必须真实可靠，绝不能欺骗顾客，尤其是药品广告更要做到准确、真实。

医药企业系统地做好广告宣传工作，是完成销售服务和满足消费者需要的重要条件，也是开放式流通、开拓市场的重要内容。如果经营的药品价廉物美、适销对路、服务热情周到，购买者高兴而来，满意而去，他们就会为企业做义务宣传，成为活广告。

1.4.9　信息管理

1.4.9.1　信息收集方式

目前，国内药品生产企业的区域经理或营销经理大多自行收集情报。通常通过以下4种方式收集信息。①阅读书刊、收听广播、观看电视和阅读行业协会的出版物。②与医生、消费者、销售商、分销商交谈。③同公司内部的其他经理和员工谈话。④通过互联网来收集相关情报。

尽管以上种种方法有时相当有效，但毕竟带有很大的偶然性，有时会因信息不全面、不及时而影响决策，甚至贻误商机。经营比较成功的药品生产企业，它们往往致力于不断改进其营销情报的质量和数量。主要方法如下。①从市场研究机构和数据公司购买相关信息和情报。它们提供多客户消费者监测数据、定期更新医药行业研究报告。这种方式比药品企业自己收集信息的成本要小得多。②训练和鼓励销售人员发现和报告新的市场变化。有些公司制定相关的奖罚措施，有时会制作相应的表格，定期收集发放。③鼓励分销商、零售商和其他中间商把重要情报及时报告。④自己的内部营销信息中心收集营销情报。

1.4.9.2 营销信息系统

营销信息系统由人、机器和程序组成，为营销决策者收集、挑选、分析、评估和分配所需要的及时和准确的信息。一个良好的市场信息系统由 4 个子系统组成。

（1）报告系统　提供关于销售、成本、投资、现金流量、应收和应付账款的最新数据。

（2）营销情报系统　为企业经理提供外部市场营销环境发展的最新信息。

（3）营销调研系统　主要调查收集与企业有关的某个特定营销问题的信息并提出调研结论。

（4）营销分析系统　包括统计程序和模型，以便从信息中发掘出更精确的调查结果。

1.4.10　财务管理

分支机构要有完善的财务管理制度，区域经理必须进行销售数据分析，进、销、存管理和各种费用控制等。控制必要的费用支出，与企业文化中的勤俭节约教育息息相关，必须建立起这种企业文化。

1.5　区域经理的业务能力

区域经理要具有多方面的能力。区域经理需要有充沛的精力、有效的权力、必要的财力及丰富的知识，独立有效地解决问题和矛盾的能力；把握市场趋势和客户风险的能力；规划整体作战方案，使团队整体素质提升的能力；凝聚集体和感召团队的能力等。要成为优秀的区域经理，就必须加强这些能力。综合营销管理能力是区域经理能力构成的核心，包括：区域市场策划能力、令人信服的专业造诣、教练的技能、统率力和情报处理能力。

1.5.1　区域市场策划能力

区域市场策划能力对巩固和扩大产品在区域市场上的份额非常重要。在市场开拓中，区域经理要有敏锐的市场观察分析能力，并在此基础上形成市场策划能力。

市场的开发和经营是综合运用各种资源，进行整体产品推广、市场开发的过程。为了应对竞争，区域经理应针对具体区域进行具体策划（如确定地区渠道形式，对四大营销组合工具进行综合策划并组织实施）。为了熟练运用各种竞争手段，区域经理必须具有丰富的市场经验和较强的市场策划能力。如果说营销能力有软件、硬件之分的话，那么营销人员的素质就是厂家的"软件"。厂家的"硬件"（资金、设备、厂房等）通常相对不变，并且相对有限。如何利用有限的资源去开拓广大的市场，这对所有营销人员，尤其是营销管理人员提出了较高的要求。作为区域市场的全权代表，区域经理对当地市场的开拓和提升负有重大责任，要完成或超额完成各项任务，必须预先制定详细的地区销售方案，做到谋定而后动。市场千变万化，如何充分熟悉市场、分析市场、把握商机、扩展业务，要靠区域经理运筹帷幄来实现。总之，市场策划能力是区域经理的必备素质。

1.5.2 令人信服的专业造诣

区域经理需要拥有丰富的产品知识、市场知识、销售技能，并具有良好的管理及沟通能力。优秀的区域经理会经常指导客户的经营活动，做客户的好参谋并赢得客户的高度尊重。此外，区域经理本身优秀的市场开拓能力和市场策划能力也是奠定其权威性的重要因素。

区域经理要处理好和经销商的关系。拜访是其工作形式；扮演好供应商的角色是其本分。树立专业形象，协助经销商"专业"地运作市场，是建立良好"客情关系"的法宝。有些经销商经营品种繁多，不知道每天某一品种或全部品种的营业额到底有多少，也不知道哪个品种回报率最高，只是凭感觉进货、卖货，月底或年底盘点时看效益。因此，造成断货、压货、"即期品"以及对高回报品种的资金投入不足，低回报品种过分积压，资金周转慢。这主要是由他们不够专业造成的。作为厂家的地区销售代表，区域经理必须有令人信服的专业造诣。

1.5.3 教练的技能

区域经理应把更多的时间花在培养员工的独立工作能力上，要意识到销售工作是由属下完成的。他们应对医药代表（包括经销商的业务员）进行系统的销售培训和工作指导，从而提高其销售能力。区域经理应该关心医药代表的工作，经常为其提出恰当的建议。对不同的医药代表，应使用不同的方法来调动其积极性，并把对他们的指导看作是自己的一项日常工作，而不应等到年终业绩考核时才对其提供反馈和指导。此外，医药代表往往因思维定势等原因而不愿意创新。要克服这种倾向，优秀的区域经理应鼓励他们积极创新。美国著名的管理大师麦克白先生曾说过："管理人员应当具备教练的素质和能力，才能训练和指挥自己的员工表现出高效率的工作节奏。"区域经理应花费30%～60%的工作时间做好指导员工的工作。区域经理花这些时间帮助专业人员取得更大成就，才是有效地利用自己的工作时间，发挥团队整体效率。需要注意的是，区域经理既要做好指导工作，又要从事实际工作，但必须明确自己的工作重点。例如，医药代表往往无法单独做好业务开发工作，区域经理应教会他们如何向客户推销并提供专业服务。但是，区域经理不应代替他们完成这项工作任务。区域经理首先应该是"教练"，其次才是实际工作者。

1.5.4 统率力

区域销售队伍相当于作战前线的集团军，区域经理只有具备极强的领导组织能力，才能带领团队完成预定的任务或超额完成任务。区域经理应是优秀的领导者。其最大的作用不是管理、不是监督，而是"方向指引"。他们应善于发现工作中的问题，有清晰的思路，能制定可操作的行动方案，为团队指明方向。他们在团队中应有较高的威信，能结合以前的工作经验，为区域销售建立新的运转机制，让销售队伍保持高昂的士气和斗志。当商业环境、市场、客户基础都混乱不堪时，区域经理也应"身先士卒"。区域经理应站在销售人员的立场上思考问题。高水平的区域经理应具有变通、勤奋、坚韧以及热心助人的品质，必须善待下属，对他们投以更多的关注，意识到他们的需求并全力以赴支持他们，保障他们的利益。能够做到这些的销售经理必定是成功的管理人才，其带领的销售团队也将所向披靡。

1.5.5　情报处理能力

销售活动需要大量的信息支持。知己知彼，方能百战不殆。区域经理必须及时把握和收集竞争者的动向、渠道的状况、消费者的反应、创新的销售方法等"情报"。信息不充分或不准确，就无法展开对自己有利的销售活动。此外，区域经理还应将搜集到的信息及时反馈给上级，便于企业针对具体问题采取具体措施。区域经理是厂家与客户之间的桥梁和纽带，除了需要定期将客户信息及市场信息反馈给上级外，还需要经常将有关促销、广告、产品、价格及其他经营活动方面的信息传递给客户，以便于客户配合工作或激励客户。同时，向客户传递信息本身也是一个很好的与客户沟通的机会。

2　医药代表

2.1　医药代表概述

我国医药企业为了市场竞争的需要，引入并设置了医药代表这种岗位。医药代表逐步成为药品购销员的代名词。

医药代表作为这一行业独有的销售人员，无疑是厂家进行产品推广最为有效和快捷的法宝。医药代表制度始于西方。我国第一批医药代表于1988年出现在施贵宝公司。他们不只是推销药品，更重要的是在药品生产企业和临床医生之间架起"桥梁"。临床医生虽然有治疗病症的经验，但对药品成分、功效及不良反应等很难透彻了解，医药代表就担当起"答疑"的任务。由于医药代表创造了企业与医生间直接沟通与交流的机会，带动了企业销售业绩的增长，于是很快为其他医药企业所效仿，并逐渐盛行开来。据了解，目前我国大约有200万名医药代表。尽管医药代表出现的时间尚短，但在经济发达国家，医药代表已经发展成一种具有一整套成熟的管理、经营、服务理论体系的职业。现在，几乎每家制药企业都有自己的医药代表，通常隶属于药品生产企业的销售或市场部门。

理论上，医药代表的职能主要是在生产药品的企业和使用的机构间起信息沟通作用。一方面，跟踪药品在临床中的使用情况并及时将信息反馈给企业；另一方面，将药品研发中的最新成果及时报告给临床医生及终端营业员。实际上，我国医药代表还肩负着市场开拓、药品销售等任务。

2.2 医药代表的业务工作

2.2.1 市场开发

药品作为一种特殊的商品，不同于一般的消费品，特别是处方药品，具有在医生指导下完成消费过程的特点，其销量受医院医生的直接影响。在整个药品消费中，70％以上发生在医院。医院成为众医药企业的必争之地，由此而引起的激烈竞争也给医药企业在运作市场时带来了较大的难度。

2.2.1.1 开发医院销售市场

要想使药品顺利进入医院，在临床得到应用，就需要企业的药品销售人员对医院进药的形式、程序以及自己应该采取的方法有清楚的了解。

（1）药品进入医院销售市场的形式

① 药品以代理形式进入医院销售市场。药品生产企业委托某家医药经销单位，由其作为药品的代理，使药品打入相应的医院。其中，又可分为全代理形式和半代理形式。

全代理形式，是指由医药代理单位完成药品到医院的进入、促销以及收款的全部过程。这种方式往往是生产企业将合适的底价开给代理单位并签好合同，以足够的利润空间刺激其经销的积极性。

半代理形式，是指由医药代理单位完成药品到医院的进入和收款工作，药品在医院的促销工作由企业人员完成。这种方式，有利于企业直接掌握药品在医院的销售动态，把握各种市场信息，对销量的全面提升有较大的帮助，但工作量大。

② 药品以直接形式进入医院销售市场。药品生产企业不依靠相关的医药经销单位，直接派出医药代表去医院做开发工作，从而完成药品进入、促销、收款、售后服务的全过程。其根据不同情况又可分为3种方式。

a. 企业注册销售公司并由销售公司将药品直接送进医院。

b. 通过医药经销单位进入医院。由企业完成医院市场开发的全过程，包括药品的进入、促销、收款，企业须为经销单位留一定的利润。这样做有以下几个原因：一是企业未注册自己的销售公司，必须通过医药经销单位使药品合法进入医院（由于医药法规规定不允许生产企业直接将药品送进医院）；二是企业虽注册有自己的销售公司，但由于医院所在的地方当局行政干预，保护地方医药经销单位的利益，因而必须通过地方医药经销单位，才能进入医院；三是企业虽有自己注册的销售公司，但由于要开发的目标医院有长期业务往来的固定供货单位，因而不愿更换或接触更多的业务单位，这样企业亦必须通过其固定的业务单位办理销售相关手续。

c. 参加政府药品招标采购。2001年后，随着各地卫生系统的改革，药品要想进入医院销售，还要通过卫生局的招标。只有进入卫生局招标目录的药品，才能进入医院销售。目前，正处于一个过渡期，相当一部分地方实行了药品招标采购。招标可以由厂家直接参与，也可以委托医药公司投标。一般来讲，委托医药公司投标费用相对低一些。

（2）药品进入医院销售市场的一般程序

① 医院临床科室主任提出用药申请并填写申购单。

② 医院药剂科对临床科室的用药申请进行复核筛选。

③ 主管进药的医院领导（一般是业务副院长）对申请进行审核。

④ 医院药事委员会对欲购药品进行讨论通过。

⑤ 药剂科主管采购人员向经销单位或企业发出购进信息。

⑥ 企业药品进入医院药库。

⑦ 企业药品由医院药库发药人员将其送到药房（门诊部、住院部），医院临床科室开始临床用药。

⑧ 医药代表对相关科室和人员进行日常性的拜访、维护、促销跟进。

（3）开拓医院销售市场的方法

① 新药医院推广会。医院推广会可分为针对整个区域内所有医院的推广会和针对具体某一医院的推广会。

针对整个区域内所有医院的推广会，一般由企业先派药品销售人员到所要开发市场的区域，对当地的药学会、医学会、卫生局等部门进行公关联络，获得这些社团、机关对药品疗效的认可，借助这些部门的影响以新产品临床交流会的形式举办推广会。应邀请当地比较有名的专家教授、相应临床科室的主任等医疗权威在会上介绍药品。时间、地点确定好以后，邀请该区域内大、中、小型医院的院长、药剂科主任、采购科长、财务科长和相对应科室的主任、副主任以及有关专家，进行药品的交流，扩大专业学术影响，以达到使药品进入医院的目的。

针对某家具体医院的药品推广会，主要是企业和医院联合召开药品介绍会，向药剂科人员、临床科室人员、药事委员会成员介绍药品，使他们了解该药品，从而使药品顺利进入医院。

② 企业通过参加相应的学术会议推介药品。一般，每个地方的药学会、医学会、卫生局等部门每年都要组织多次学术会议、培训之类的活动，企业可通过这些机关部门事先了解活动的时间、地点、内容，主动联络，支付一定的赞助费用，成为协办单位。企业在会上可请一位或几位专家教授对药品进行介绍推广，以便进入部分医院。

③ 以广告宣传的形式使药品进入。该种形式是指先用各种广告大量宣传，扩大在专业媒体、刊物上的学术宣传和影响，使医生和患者接受新药品，从而达到进入医院的目的。

④ 试销进入。先将药品放到医院下属药店或专家专科门诊部试销，从而逐步渗透，最终得以进入。

2.2.1.2　开发药店零售市场

随着药品分类管理办法的实施，卫生体制、医疗保险体制、药品流通领域等的改革对医药行业产生了巨大影响，药品零售市场成为制药企业竞争的热点。在国家药品管理日渐严格以及广告法出台的情况下，药品纯广告或低档宣传的路径已十分狭窄。因此，结合药品特点，开创有特色的终端工作显得尤为重要。做好零售药品商场终端有利于树立并提升企业形象、提高品牌知名度、收集市场信息、增强企业对市场的调控能力。快速完成铺货，争取较高铺货率，将产品摆放到最好位置，和商店保持良好稳定的关系，获得更多的推荐次数，这些都是企业启动市场必须做的终端工作。

零售点是整个销售环节中最重要的一环,因为它与供应链各个环节都有关系。用户、推销员、采购员、分销商及宣传推广单位都与零售点相接。有效地影响与控制零售点的活动对公司建立竞争优势极为重要。

(1)零售药店拜访工作的重要性 药店是零售药品销售的主战场,医药代表的一言一行、一举一动直接影响着药店所有人员对制药公司和药品的看法。医药代表作为企业的形象大使,承担着传播企业形象的重任;作为药品专家,承担着普及和提高药品知识的责任;作为营销专家,承担着指导销售的责任。因此,医药代表在对外交往中必须不断提高自身的全面素质,为药店提供全面的店内服务。

在条件许可的情况下,医药代表应不失时机地向店员介绍一些药品的知识。在很多情况下,店员愿意推荐某种药品是因为店员了解这种药品的医学背景及药品知识,知道该怎样说服顾客购买。同时,医药代表与店员的友好关系也是促使店员愿意推荐药品的一个重要因素。所以,新药品上市时必须加大对药店的拜访力度,和店员建立良好的感情基础,让所有相关柜台的店员都明白该药品的优点,进而向顾客推荐。

(2)零售药店拜访工作的步骤 零售药店的拜访和管理是医药代表的日常工作。具体的拜访工作可以分解成以下6个步骤。

① 准备工作。拜访药店前,医药代表要全面了解该店的进货历史及现状,以便确定拜访目标。拜访目标确定后,就要有针对性地做准备,确定需携带的工具和资料。事先电话预约,确认时间,这也是尊重对方的表现。此外,还要确定拜访客户的路线。这项工作通常使用的工具是《跑店路线安排》和《地略图》。如果是一个新的促销活动,就要检查是否带足了这个促销活动所需的POP、陈列道具。如果是分销新的药品,就要带上样品、新产品的介绍或者是宣传单页。携带的销售资料主要有公司的库存表、价格表和建议订货单、客户拜访卡、发票和销货清单。

② 自我介绍。如果是一家新店,或者是刚刚开始销售业务,就需要和负责人主动地介绍自己、介绍公司以及交换名片。要找到关键人物,也就是那些真正能做决策的人。要表现出自信,自信会感染客户。要准备需要陈述的主要内容,安排好陈述次序,还要预测可能遇到的反对意见并思考如何回答。

③ 观察药店。要注意了解药店的经营状况。要留意竞争对手,观注竞争对手的药品,其陈列面是缩小还是扩大了,还要查看自己的药品,陈列是否达标、陈列位置如何、促销价格怎样、宣传用品是否到位等。

④ 陈列和理货。事先征得药店同意,确定陈列位置。一般来讲,要争取占据柜台最上层,药品双层纵向排放,做到占位好、易寻找、陈列醒目。陈列面越大越好,争取在客流较多的位置陈列。将药品尽量摆放在顾客经常走动的地段,如端架、靠近路口的转角处等。把宣传品布置在最能吸引消费者的地方,以便吸引消费者的注意。在理货的过程中如果变动了摆放位置,千万记得价格标签一定要进行同步调整。所有的药品要保证有相应的价格标签,价格标签要准确反映价格,并且做到清晰、醒目。经常清洁药品和货架。产品的清洁程度,直接影响消费者的选购。要询问药店促销员产品的销售情况,包括自己的和竞争对手的销量与促销活动情况,并且检查销售报表。将公司的信息及时传达给促销员,并将有关市场信息及时上报公司。

⑤ 协助门店人员订货。新药品通常需要采购部确定进场后才能订货。已有的药品则可以由药店直接下订单。有些药店，店内的工作人员就可以直接下订单，有些门店则有复杂的采购流程。图 3.4 是某连锁药店的订货流程。

门店理货员发现货物量不足——→根据门店内码填写要货单——→理货组长签字同意——→
传递给电脑综合组——→综合组打单通过内部网传给采购部——→
采购部通过电脑查看大仓库存——→大仓有货——→配送至门店——→门店上架
　　　　　　　　　　　　　　　　大仓无货——→经销商配送至大仓

图 3.4　某连锁药店的订货流程

⑥ 收款和记录的填写。a. 检查是否准确、完整地填写了每张客户拜访卡，每个系列的产品、每个陈列的方式是否都已经记录在客户拜访卡上了。这张卡是公司所有内部数据的来源。b. 如果今天的工作中有收款这一项，就要仔细保存好所收的支票，放入支票夹中，避免丢失。尽快将收款上交公司并且认真记录。c. 整理客户拜访卡。d. 填写销售/回款报告。

2.2.2　销售终端维护

2.2.2.1　铺货、送货与补货

（1）铺货原则与要求

① 铺货可采用商业推广会、人员上门推广铺货等。

② 一次铺货数量不宜过大，待摸清月销量后再制定每一次零售场所的详细铺货量。

③ 铺货的地理位置应在医院、诊所、商场、车站、大型社区等人流量大的地方。

④ 铺货时应按地址、药店、日期、品名、数量、值班人、验收签字单等进行详细登记。

⑤ 对有些药店应坚持现款现货，尤其是对个体药店、小诊所、小药店。

⑥ 对个体药店及承包性质的药店，价格一般高于医院的铺货价，以防止其降价扰乱价格体系。

（2）铺货操作中应注意的问题

① 选择开拓能力强、思想开放、愿意配合企业的经销商，避免选择计划经济下的"官老爷"作风的商业单位。

② 经销商应有计划的执行能力与相应的人员，即经销商必须能认真执行铺货计划。可按销量、铺货店数等给予经销商一定的奖励。

③ 所有参与铺货的经销商必须严格坚持统一的价格体系，即给二次批销商、大中型商场、中小型零售点的价差体系应事先确定，并严格执行。

④ 第一次铺货给予零售商的药品数量不可太多，更不能答应代销，以防日后其销售不力造成退货。

（3）送货与补货　进行销量与存货统计。零售场所需要什么货物、什么时候需要进货，医药代表应心中有数，不能让零售场所断货。

2.2.2.2　药品陈列及摆放

（1）占据最好位置　柜台：占据最上层，药品双层纵向排放，做到占位好，醒目、易

寻找；货架（黄金档位 1.3～1.5 米；铜层档位 1.5 米以上；铁层档位 1.3 米以下）：应把药品摆放于黄金档位，并于铜层档位摆放礼盒包装或于货架顶端摆放药品模型。

（2）系列药品集中陈列 其目的是增加展示效果，使消费者能一目了然地看到公司的系列药品，从而体现公司药品的丰富性，同时对新药品或销售弱势的药品有带动作用。

（3）争取在客流较多的位置陈列。

（4）注意保持药品卫生及补充货源 除了保持药品外观清洁外，还要注意随时补充货源，更换损坏品、瑕疵品、过期品，让陈列的药品以最好的面貌（整齐、清洁、新鲜）面对顾客，以维持药品的价值。

2.2.2.3 非处方药的 POP 布设

① 制作（1.0×0.5）米导购牌（展板），设计制作要求品牌突出、重点突出、图文并茂、制作牢固，摆放于药店门口两侧或店内合适位置。

② 招贴画要选择店外两侧 1.4～1.8 米洁墙面、店堂玻璃门或店内 1.4～1.8 米光洁墙面，要粘贴牢固。排列张贴，视觉及宣传效果最佳。

③ 台牌卡放置柜台，要靠近药品摆放处，内装折页或小手册，便于目标购买者详细了解药品。

④ 吊旗并排悬挂于进店 2.5 米高、正面柜台上方。

⑤ 户内灯箱亦要选择临近药品上方摆放（由企划中心发放彩喷稿，依要求制作，必须做到统一性）。

⑥ 招牌造价低，档次较高，耐久性较强（企划中心出彩喷稿，当地广告公司制作）。

⑦ 药品模型分户内和户外两种，户内"金字塔式"拼摆，用透明胶固定，户外应注意避免碰损。

⑧ 巨幅。（6×20）米，视觉效果极佳、大气，但要注意防风设施（悬挂于大型商场、超市正面或面对人流量较大的墙面上）。

⑨ 户外广告牌。大型广告牌，靠近卖场（售点），置于 5 层楼顶或裙楼（成长期至成熟期考虑操作）。

⑩ 车体（车贴）广告。前期买断主要线路公交车的车后贴或车前贴，成长期可根据条件考虑整车车体广告。

2.2.2.4 以情取胜

良好客情关系的评定标准有至少 5 个要素。一是和经销商熟悉，经销商能叫出你的名字；二是经销商能把你的药品作为主推药品，能主动、积极地向顾客推荐，并且能说出药品的卖点；三是经销商可以让你在其店里张贴、摆放一些广告宣传品；四是能够保证你的药品处于突出位置和清洁；五是按时结款。

注重与终端药店人员的感情沟通，坚持"以建立感情为主，利益驱动为辅"的原则，把药店工作人员视为企业的"第一顾客"，和他们交朋友，让他们成为药品的推销员。

2.2.3 客户关怀

客户关怀贯穿了市场营销的所有环节。客户关怀包括以下方面：客户服务（包括向客户提供产品信息和服务建议等）、产品质量（应符合有关标准、适合客户使用、保证安全可靠）、服务质量（指与企业接触的过程中客户的体验）、售后服务（包括售后的查询和投诉以及维护和修理）。

客户关怀贯穿于客户购买前、购买期间及购买后的整个过程。购买前的客户关怀为公司与客户之间关系的建立打开了一扇大门，可以鼓励和促进客户购买药品。购买期间的客户关怀则与公司提供的药品或服务紧紧的联系在一起，包括订单的处理以及各种有关的细节，都要与客户的期望相吻合，满足客户的需求。购买后的客户关怀活动则体现在高效的跟进和圆满完成药品的维护工作上。售后的跟进和提供有效的关怀，目的是使客户能够重复购买公司的药品。

2.2.4 售后服务

目前，售后服务显得越来越重要。药品同其他商品一样，只有平衡掌握了其售前与售后服务两者之间的关系，才能使药品在流通中体现真正价值。患者在服用药品时不仅需要药品具有确切的疗效，还要知晓药物本身的安全性及其对人体的伤害性等。这就要求厂家与客户之间应存在一个良好的互动和沟通关系。这种沟通无论是在药品的售前还是售后都应始终如一，直到延续到患者安全服用完药品为止。从现代经济学角度来讲，商品的销售与服务是可以互相促进，用以实现经济效益持续增长的。做好药品售后服务工作，无疑会增进药品使用者对企业的亲和力，增加用药者的信任感和依赖感，从而使药品销售在流通渠道内形成良性循环。

药品销售给顾客后，并不等于万事大吉。对于出售的药品，在使用中如发现确实存在质量问题，当顾客提出退货时，企业应无条件满足顾客的要求。这不仅是尊重对方、文明经商、信誉至上的体现，也是将药品不良反应隐患降到最低点、对患者负责的精神和义务的体现。

2.2.4.1 处方药的售后服务

处方药售后服务的重点是如何以有效的服务方式将药品及其使用信息及时传达给临床医生。企业应着力于营销方式的创新，走服务差异化、有形化、规范化的道路。

（1）服务差异化　体现在服务方法的独特性和服务方式的个性化上。例如，企业针对自身药品的特色和优势，通过专业媒体宣传、临床效果和科研结果评价、学术交流和咨询等活动，来强调药品在质量、疗效等方面的可靠性和安全性。同时，在专业知识方面也满足了临床医生获取新的医药学信息资源的要求，达到药品供应和临床需求内在的良性互动，也有利于医药学科和专业知识的发展和更新。

（2）服务有形化　体现在企业使药品及其使用的信息可视化、具体化、形象化的各种服务行为上。例如，专业期刊上的药品专栏、使用的宣传品、相关健康保健知识的教育报刊；协助临床医生建立用药患者的健康档案，进行定期回访及资料评价等。服务有形化，使药品及其使用的信息获取更为方便，能更好地帮助医生合理选药。

（3）服务规范化　强调服务手段、渠道的合法性以及服务效果的正外部性。医药企业服务的效果应该是药品合理使用、患者身体康复、医生业务提高和社会评价满意，这依赖于相关法律法规的健全，也依赖于从业人员综合素质的提高。从理论上看，规范的行为带来的不仅是良好的市场竞争环境，而且是更经济、更高效的运作模式。在当前的行业现状下，服务的规范化有着深远而广泛的现实意义。

2.2.4.2 非处方药的售后服务

非处方药售后服务的重点是标准化、技巧化和品牌化。

（1）服务标准化 强调服务内在流程和操作过程符合要求，服务不是某个个体、某一次的单独行为，而应是服务群体统一、持续性的行动。服务标准化更多地体现在医药企业服务的内部营销上，通过协调、规范、处理好企业内部职工之间的关系，达到调动员工积极性、减少内耗、增加效益、杜绝个人行为、实现企业团队协作的目的。

（2）服务技巧化 主要指服务方法的合理性和科学性。服务应为消费者的健康和切身利益着想，而不是单单为了销售药品。因此，服务技巧化并不是指一味地迎合消费者，这样可能最终会损害他们的利益，也并不是采用一味地复杂的营销手段，消费者往往趋向于较为简单的服务方式。服务技巧化更多地体现在医药企业服务的外部营销上，企业应以满足消费者的切身利益为宗旨，探讨更科学、有效的服务技巧。

（3）服务品牌化 强调顾客的忠诚度，指服务具有较高的社会认可和接受程度。它未必是通过大量的广告宣传来实现的，归根结底有赖于服务标准化、技巧化以及企业的综合实力。尽管广告宣传在短期内能迅速提高企业的知名度，但品牌的形成和长期的影响力是以服务质量、药品疗效和价格等为基础的。因此，企业应从提高综合能力、树立良好形象入手，培育和建立企业的服务品牌，并以服务品牌加强核心竞争力，扩大市场份额。

我国医药市场的"人文"色彩会越来越浓，药品经营活动中始终贯穿的为群众服务的意识也将日益增强。因此，面对来自各方的竞争与挑战，中国医药企业要想有所作为，就应及时树立起"一切为顾客服务"的经营理念，将药品的"售后服务"纳入自己制定的销售服务计划中来，用良好的售后服务赢得患者的认同，并以优良的质量管理不断完善经营服务体系和营销网络。只有这样，才能在激烈的医药市场竞争中占有一席之地。

第四部分

医药商品经营管理人员
职业素质的培养

医药商品经营管理人员的职业道德

所谓职业道德，就是同人们的职业活动紧密联系的、职业特点所要求的道德准则、道德情操与道德品质的总和。不论从事哪种职业，都要遵守职业道德。医药商品经营活动担负着维护人民身体健康的特殊使命，与人的生命、生活质量有着非常重要的关系，影响社会的安定和发展。从业人员要有良好的职业道德，坚持为人民服务的宗旨，正确处理社会效益和经济效益的关系，不断提高自身的思想素质和道德修养。医药商品经营管理人员职业道德的主要内容有以下几个方面。

（1）守法经营　遵守法律是医药商品经营活动的基础。企业的一切经营活动，包括经营药品的质量、价格、广告宣传、经济合同等必须严格按照国家的法律法规和标准进行规范和约束。企业和职工要切实做到知法、懂法、守法，严格依法管理、依法经营，杜绝有法不依、违法经营的现象。常用的法律法规主要有：《中华人民共和国药品管理法》、《处方药与非处方药分类管理办法》、《药品经营质量管理规范》（GSP）、《药品流通监督管理办法》、《中华人民共和国药典》、《麻醉药品管理办法》、《精神药品管理办法》、《药品包装管理办法》、《中药保健品管理规定》、《合同法》、《商标法》、《广告法》等。

（2）诚实守信　诚实守信是医药商品经营职业道德的核心内容。医药商品关系到人民的健康与生命，其经营人员要以"德、诚、信"为出发点，以"货真价实、买卖公平"为经营原则，牢固树立以德经商、以信兴业、诚信为本的企业理念和价值观，坚决杜绝虚假与夸大宣传，绝不经营假劣药品。

（3）公平合理　公平合理是医药商品经营活动的最基本要求，特别是价格必须公平、合理，做到货真价实，杜绝价格欺诈和以次充好等不良行为。同行之间的竞争必须公平，不以非法或非道德手段来排挤、打击、损害竞争对手或垄断市场。选择供货渠道要重信誉、公正、透明，不暗箱操作，与供货商及经销商必须建立正常的供销关系，避免发生债务纠纷。要自觉地履行合同约定。要正确处理经济效益和社会效益的关系。

（4）爱岗敬业　爱岗敬业是医药商品经营管理人员必须遵循的基本道德规范。要树立敬业奉献的职业精神，认真履行职责，积极进行职业观念、态度、技能、纪律、作风、责任等方面的学习，树立正确的职业观念。在业务上要精益求精，在工作中要严谨求实。

（5）优质服务　服务是医药商品经营活动的最终落脚点。医药商品经营的宗旨是为人民群众的生命和健康服务。只有以一流的服务和专业水准，真诚地为顾客提供服务，才能赢得顾客的信赖。必须强化服务意识，不断创新服务内容，提高服务质量。要大力倡导热情服务、微笑服务、真诚服务，一切以顾客利益为出发点，想顾客所想，急顾客所急，最大限度地满足顾客需求。对不同消费层次和消费水平的顾客要一视同仁。要紧密结合现代医药科技的成果，不断扩大服务内容、提高服务水平、完善售后服务体系，将合适的、合格的药品提供给合适的顾客。此外，还要监督药品使用的情况，成为医药生产企业与医疗行业和消费者沟通的桥梁。

医药商品经营管理的基础知识

1 医药商品流通

1.1 医药商品

医药商品泛指医药商业所经营的药品、医疗器械、化学试剂及玻璃仪器等商品。医药商品的使用价值体现为医药商品属性与人和社会需要之间的满足关系。

1.1.1 药物

凡能防治疾病、诊断疾病、用于计划生育的物质都可被称为药物。这些物质可来源于植物、动物、矿物，也可以是人工合成品。广义的药物还包括与人们日常生活密切相关的多种食物，如米、面、糖、茶等。

1.1.2 药品

药品一般是指由各国政府药政管理部门认可的药物商品，具有法定意义。《中华人民共和国药品管理法》对药品的含义做了解释："药品是指用于预防、治疗、诊断人的疾病及有目的地调节人的生理功能并规定有适应证、用法、用量的物质，包括中药材、抗生素、生化药品、放射性药品、血清疫苗、血液制品和诊断药品等。"

1.1.3 新药

新药是指化学结构、组成、剂型、给药途径、药效作用等与已知的药品有某种不同，而且有一定的临床使用价值或理论研究意义的药品。我国《新药审批办法》中规定："新药是指我国未生产过的药品。已生产过的药品，凡增加新的适应证、改变给药途径和改变剂型的亦属新药的管理范围。"此外，还将新药分为新西药（5类）、新中药（5类）、新生物制品（4类）。新药在医药商业经营中是因时而异的，只要该药品的质量与疗效得到了肯定，按有关规定很快就会转为一般商品。

1.1.4 特药

特药是指国营医药商业在一定时期内供给少数医疗单位或者是特殊病例使用的进口制剂，在经营习惯上称为特种药品或特药。与新药一样，其品种也因时而异。

1.1.5 假药与劣药

有下列情况之一的为假药：①药品所含成分的名称与国家标准或者省、市、自治区、直辖市药品标准规定不符合的；②以非药品冒充药品或者以他种药品冒充此种药品的。

有下列情况之一的按假药处理：①国务院卫生行政部门规定禁止使用的；②未取得批准文号生产的；③变质不能药用的；④被污染不能药用的。

有下列情况之一的为劣药：①药品成分的含量与国家药品标准或者省、市、自治区、直辖市药品标准规定不符合的；②超过有效期的；③其他不符合药品标准规定的。

1.1.6 处方药

处方药是指需经过医生处方才能从药房或药店得到并要在医生监控或指导下使用的药物。国际上通常用 prescription drug 表示，简称 R（即医生处方左上角的 R）。

处方药一般包括：刚上市的新药，对其活性、副作用还要进一步观察；可产生依赖性的某些药物，如吗啡类镇痛药及某些催眠安定药物等；本身毒性较大的药物，如抗癌药物等；某些疾病必须由医生和实验室进行确诊，使用药物需医生处方，并在医生指导下使用，如心血管疾病药物等。

1.1.7 非处方药

与处方药相对，非处方药是指那些消费者不需要持有医生处方就可直接从药房或药店购买的药物。国际上常用 over the counter drug 表示，简称为 OTC。这些药物大都适用于如下情况：感冒、发烧、咳嗽；消化系统疾病；头痛；关节疾病；鼻炎等过敏症；营养补剂，如维生素、某些中药补剂等。

1.2 医药商品流通企业

1.2.1 医药商品流通企业的分类

医药商品流通企业是指具备一定的经济资源，从事医药商品流通活动，以营利为目的独立的医药商品经营者。医药商品流通企业作为生产和消费之间的桥梁，促成医药商品交换。

医药商品流通企业在医药商品购销过程中，应严格按照依法核准的经营范围开展经营活动，不能超范围经营。目前，我国药品监督管理部门核准的经营方式有批发、零售和零售连锁。

（1）医药批发企业　指以批发经营活动为主业的企业。批发的功能是将购进的医药商品批量转卖给医药零售商、医疗单位、其他医药批发商或医药生产企业。按是否拥有所经销医药商品的所有权，医药批发企业又可以分为医药经销商和医药代理商。医药经销商拥有所经销医药商品的所有权。医药代理商不拥有所经销医药商品的所有权，其主要职能是为买卖双方提供方便，从销售价款中收取佣金。代理商与生产企业之间的关系是委托与被委托的关系，不是买卖关系。

（2）医药零售企业　指以零售经营活动为主业的企业和个人。零售的功能是向终端消费者直接销售产品或提供服务。现有的医药零售经营模式主要有以下几种。

① 独立药店经营模式。独立药店是我国医药零售企业最基本的经营模式，专营药品，

一般经营规模不大。独立药店具备自己独立的药品库房和财务核算系统，经营上主要以灵活经营、开展便民服务取胜。

② 定点零售药店经营模式。定点零售药店是指经统筹地区劳动保障行政部门审查，并经社会保险经办机构确定的，为城镇职工医疗保险参保人员提供处方外配服务的零售药店。

③ 药品超市经营模式。药品超市是主营药品的大规模超市，具有非处方药开架自选、药品种类齐全、药品价格低廉和购物方便快捷的特点。一些医药零售企业联合或独立开办医药商品超市。例如，兰州庆余堂药店、金城医药批发部和众友药城三家联合开办药品超市；哈尔滨医药集团独立开办药品超市。

（3）医药零售连锁企业　指经营同类医药商品、使用统一商号的若干门店，在同一总部的管理下，采取统一采购配送、统一质量标准、采购同销售分离、实行规模化经营的一种组织形式。医药零售连锁企业应由总部、配送中心和若干门店构成。总部是连锁企业经营管理的核心，配送中心是连锁企业的物流机构，门店是连锁企业的基础，承担日常零售业务。医药零售连锁企业在药品的流通过程中承担物流的传递与分销。医药零售连锁企业的主要类型有直营连锁（regular chain，RC）、特许连锁（franchise chain，FC）、加盟连锁（voluntary chain，VC）。

医药零售市场竞争的加剧，加上国家实施 GSP 认证制度，使单体药店生存日益艰难，连锁经营将成为我国医药零售企业的主要经营模式。

1.2.2　企业目标与任务

任何企业都有自己的目的：一是争取获得最大利润，不断发展、壮大自己；二是为社会提供商品和服务，满足社会需求。由于医药商品流通企业的行业特点，它的第二个目的主要是通过组织医药商品流通或提供流通服务来满足社会需求的。

所谓目标，是指企业在未来一定时期内要实现的明确、具体的目的，如某公司 10 年内使自己的地位处于全行业之首；明年的销售额比今年提高 5％；2 年内使流通费用降低 2％，等等。一个企业的目的是多方面的，而且一个目的的实现通常需要多个目标来保证。例如，要实现公司利润最大化，该公司至少要达到一定的经营规模目标、利润水平目标和服务质量目标等。企业目标的多元化形成了企业的目标体系。

实现企业目标的途径和方法称为企业任务。从内容上看，它比目标更加具体和明确。例如，某连锁药店以明年销售额达到 10 亿元人民币作为它的经营目标，而决定再增加 5 个分店、采取广告促销策略、通过改善服务赢得更多顾客等，则是它明年的工作任务。任务比目标更具体，具有更强的可操作性。

1.3　医药商品流通渠道模式

医药商品流通渠道是指医药商品由生产领域进入消费领域所经过的途径。医药商品经生产企业产出后，大部分不直接供给消费者，而需经一系列中间商转卖。医药商品流通渠道的起点是生产企业，终端是消费者。中间商介入的不同方式形成了医药商品流通渠道的不同模式。

1.3.1 企业直销制

企业直销是指药厂不通过代理商，直接向医院或药店乃至消费者进行销售的方式。由于法规不允许企业直接向消费者销售药品，因此这里的直销是指药厂设立独立医药公司从事药品流通的方式。

目前企业直销制在我国采用很少，只有在大型企业在所在地才可能采用这种方式。这种方式的缺点是投入大。优点是为企业增加了一条新的渠道，并可通过这个渠道及时、准确地了解信息。但从本质上讲，这种方式只能算作是药厂投资一个新的项目，而不是严格意义上的直销。

1.3.2 区域完全总代理制

医药生产企业在一定区域内选择一家医药公司代理分销其医药商品并负责医药商品的宣传、推广、分销、返款等工作。

优点：可充分利用医药公司在当地的资源优势，如政策、关系、分销渠道等，减少企业在流通方面的投入；医药公司有较大的利润空间，因此积极性较高；药厂与医药公司的关系密切，有利于问题的及时解决；不存在中间商的相互竞争，因此不易出现价格竞争，有利于保证较高的利润率。

缺点：风险高。由于中间商只有一家，因此其经营的好坏对企业的影响很大，对代理商依赖性强，可能会受代理商的影响甚至要挟；各医药公司的医院及药店开户率一般只有40%左右，最好的医药公司也只能达到70%，不利于市场占有率的提高；至于信息流，企业得到的反馈少而且慢。

适用对象如下。

（1）进口医药商品　进口的代理基本上采用的是区域完全总代理制中的全国范围内代理，而在国内销售一般采用其他的代理方式，将各地区销售委托与其有业务联系的医药公司进行各地区代理。

（2）新兴企业的新医药商品　由于企业难以依靠自己的力量打开市场，因此只能采取区域完全总代理制，在各主要市场选择一家代理商。

（3）非重点市场　对于企业不愿投入过多力量，但又必须保持其药品存在的非重点市场，一般会采用完全总代理制。

控制方法如下。

（1）选择类型适合的代理商　由于各医药公司的开户率和开户对象不同，因此在选择代理商时应注意选择类型适合的代理商。例如，抗癌药，应选择在大医院和肿瘤医院开户率高的医药公司，而对于感冒药、减肥药等，则应选择与药店关系密切的医药公司。

（2）选择信誉优良的代理商　由于各地医药公司良莠不齐，在选择代理商时一定要选择行业信誉好的代理商。

（3）制定合理的销售额和利润空间　既要保证代理商在其中有利可图，又要使其投入一定的力量开展宣传促销工作，争取达到双赢。

1.3.3　区域多家代理制

医药生产企业在一定的市场范围内选择多家医药公司代理分销其医药商品，且医药商品的宣传、推广、返款等工作也由医药公司负责。

优点：有利于提高医药商品覆盖率；降低风险；减少宣传推广费用；并有利于对代理商的控制。

缺点：由于多家代理商的竞争，易造成市场混乱；企业和医药公司对医药商品的监控能力下降，因此伪劣商品可能出现。

适用对象如下。

（1）市场需求量大的医药商品　这类药品往往要求有较高的市场覆盖率，只有采用多家代理才可能达到要求。对于普药，如维生素 C，阿司匹林等，企业一般采用多家代理制，而且是代理商越多越好。通过代理商的优势，达到提高销售量的目的。

（2）处于成熟期后期的医药商品　这类药品由于市场成熟，销售稳定，增长余地不大，因此企业不再投入过多的精力和资金，通过多家代理保持一定的市场销量，进一步提高市场占有率。例如，西安杨森公司的吗叮啉，在其进入市场初期采用的是区域分销总代理制，但到了成熟期后期，西沙必利推出后，开始采用多家代理制。

（3）市场上同类品种多的医药商品　由于同类品种多，并且可以互相替代，因此药厂不愿投入过多的力量进行宣传推广，而希望采用搭车的方式随市场增长一起增长，因此采用多家代理制。我国目前大部分国有企业，如同仁堂、哈尔滨制药集团等，由于其市场信誉高，需要量大，且多为老品种，因此基本上采用的是区域多家代理制。

控制方法：选择规模适宜的代理商，不盲目求大；对代理商进行合理的区域分配，以免恶性竞争；为代理商提供合理的利润空间；与代理商建立良好的关系，使代理商投入较多的力量。

1.3.4　区域分销总代理制

医药生产企业在一定的区域范围内选择一家医药公司代理分销其医药商品，而医药商品的宣传、推广、返款等工作由生产企业负责，只利用代理商在医院和药店的开户优势。目前大部分合资企业及国内效益较好的企业均采用这种方式。

优点：利用药厂自身的技术、信誉等优势开展医药商品的宣传、推广工作；销售员可直接将客户的需求、对医药商品的意见等信息及时反馈，加强与终端的联系和沟通，有利于提高企业形象；有利于企业对医药商品的控制，防止窜货和假货的发生；进价、零售价由药厂掌握，因此不会出现价格竞争，可保证较高的利润率。

缺点：由于设置了大量的办事处和聘用了大量销售人员，因此管理水平要求较高；推广费用增加；代理商利润少，积极性低；如只选择一家医药公司进行分销，则市场覆盖率有限。

适用对象如下。

（1）附加值较高的医药商品　由于药厂直接进行推广的费用较高，因此必须有较高的利润空间。目前只有合资医药商品、进口医药商品、新药可以制定较高的价格，因此这些品种适于采用分销总代理制。

（2）新药 新药被市场接受需要较强的技术支持，因此需要由生产企业直接进行推广，或者派出专人对医药公司的推广工作进行支持。

（3）信誉好、管理水平高的企业。

（4）企业重点品种的重点市场。

控制方法如下。

（1）选择开户率高的代理商 由于区域分销总代理制只利用医药公司的开户能力，因此必须选择开户率高的代理商。

（2）培养优秀的推销队伍 区域分销总代理制对销售人员的水平和素质要求较高，必须做到能向客户提供咨询和帮助。

1.3.5 招标制

招标制是新出现的一种医药商品流通渠道，还处在不断摸索之中。由于招标制的投标品种和标的数量均为招标机构控制，而且投标品种常有较多企业生产，因此企业在这种新制度中所能发挥的作用有限。

企业在招标制中的注意事项如下。

① 密切注意招标制的发展方向。由于采用招标制的时间尚短，其发展方向还未确定，因此企业应密切注意其发展动向，以便及时调整策略。

② 密切注意招标信息。由于招标制的对象是全国的生产和流通企业，因此通过招标打开新市场是一种新的手段，特别是对于未开发的市场，更应力争中标。市场内的原有药厂，也应通过自己在当地的各种优势，防止外地竞争者的进入。

③ 努力使自己具有成本优势的品种进入投标范围。成本优势是招标中最重要的因素，因为中标的只能是行业中成本最低的企业。

④ 通过各种手段适应招标制，降低成本。如通过扩大包装，减少包装成本等方式适应招标方的需要。

⑤ 投标时要注意利用科学的方法进行，不要为中标而将价格压得过低。

1.4 医药商品监督管理体系

1998 年国务院组建国家药品监督管理局（SDA，现为国家食品药品监督管理局），内设药品注册司、医疗器械司、案例监督司、市场监督司、人事教育司、国际合作司及办公室，并设立中国药品生物制品检定所。国家药品监督管理局负责对所有药品的研制、生产、流通、使用等环节进行行政监督和技术监督，并对省以下药品监督管理体系实行垂直管理。从机构性质划分，药品监督管理机构分为行政监督机构和技术监督机构。前者为各级药品监督管理局内行政司、处及办公室，后者为各级药品检验机构及其他事业性技术机构，如图 4.1 所示。

药事管理已从经验管理过渡到了科学管理，从单纯行政管理向法制管理、咨询管理发展，颁布了药品质量标准规范药品生产、经营、研制和使用环节，如制定实施了《药品生产质量管理规范》（GMP）、《药品经营质量管理规范》（GSP）、《优良药房工作规范》（GPP）、

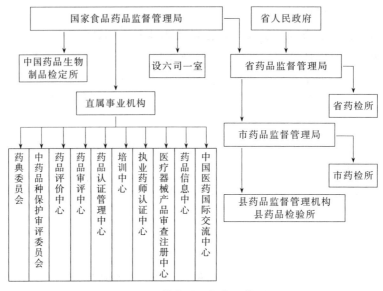

图 4.1　医药商品监督管理体系

《中药材生产质量管理规范》（GAP）等。

2　管理基础知识

2.1　经营与管理

2.1.1　管理的概念

所谓管理，就是在特定的环境下对组织所拥有的资源进行有效的计划、组织、领导、控制，以便实现组织既定目标的过程。其定义包含着以下 4 层含义。

① 管理是服务于组织目标实现的一项有意识、有目的的活动。

② 管理的过程是由一系列相互关联、连续进行的工作活动构成的，包括计划、组织、领导、控制等。它们构成管理的基本职能。

③ 管理工作是在一定环境条件下开展的，环境既提供了机遇，也充满了挑战或威胁。

④ 管理工作的有效性要从效率和效果两个方面来评判，即人们常说的"正确地做正确的事"。管理工作的成效和有效性，集中体现在它是否能使组织以最少的资源投入取得最大的成果。

2.1.2　管理的特点

① 管理工作不同于作业工作。管理工作是独立进行的，有别于作业工作且为作业工作提供服务的活动。管理活动和作业活动只有并存于一个组织之中，才能保证组织目标的圆满实现。管理人员的工作，从本质上说，是通过他人并同他人一道实现组织的目标。在通常情况下，管理人员并不一定亲自从事具体工作，而是委托他人，自己则花大量的时间

和精力进行计划安排、组织落实、指导激励和检查控制其他人的工作。

② 管理工作是科学性与艺术性的统一。管理是一门科学，是大量学者和实业家在总结管理工作客观规律的基础上形成的，为实践所证明，并用以指导管理实践。管理科学并不能为管理提供解决一切问题的标准答案，它要求管理者以管理理论为基础，结合实际，对具体情况做具体分析，以求得问题的解决，从而实现组织的目标。从这个角度看，管理又是一门艺术，即利用了系统化的知识并根据实际情况发挥创造性的艺术。管理的科学性与艺术性并不相互排斥，而是相互补充的。所以，管理工作是科学性与艺术性的统一。

2.1.3 管理的应用范围

（1）管理普遍适用于任何类型的组织　这是因为，任何组织为了实现其特定的组织目标都存在其有限资源的合理调配和有效利用问题，因此也就有了管理问题。

（2）不同类型的组织　由于不同类型组织作业活动的目标和内容多少存在一些差异，因而管理工作的具体内容和方法也不尽相同，但从基本管理职能、管理原理与方法来看，各种不同类型的组织具有相似性、共通性。

2.1.4 管理人员的分类

企业的人员可分为两大类，一类是管理人员，另一类是作业人员。管理人员负责告诉其他人该做什么以及怎样去做，通过协调其他人的活动达到实现组织目标的目的。

（1）按其所处的管理层次分

① 基层管理人员。亦称第一线管理人员，也就是组织中处于最低层次的管理者，他们所管辖的仅仅是作业人员而不涉及其他管理者。其主要职责是，给下属作业人员分派具体工作任务，直接指挥和监督现场作业活动，保证各项任务的有效完成。

② 中层管理人员。通常是指处于高层管理人员和基层管理人员之间的一个或若干个中间层次的管理人员。其主要职责是，贯彻和执行高层管理人员所做出的重大决策，监督和协调基层管理人员的工作。

③ 高层管理人员。是指对整个组织负有全面责任的人。其主要职责是，制定组织的总目标、总战略，掌握组织的大政方针并评价整个组织的绩效。高层管理人员在与组织外界交往中，往往代表组织，并以"官方"身份出现。

（2）按从事管理工作的领域宽窄及专业性质不同

① 综合管理人员。是指负责管理整个组织或组织中某个事业部全部活动的管理者。对小型组织（如一个药店）来说，可能只有一个综合管理者，即总经理，他要统管该组织内的包括采购、营销、人力资源、财务等在内的全部活动。对大型组织（如跨国公司）来说，可能按产品类别设立几个产品分部或按地区设立若干地区分部。该公司的综合管理人员则包括总经理和分部经理。每个分部的经理都要统管该分部的包括生产、营销、人力资源、财务等在内的全部活动。

② 专业管理人员。即仅仅负责管理组织中某一类活动（或职能）的管理者。对于这些部门管理者，可以泛称为生产经理、营销经理、人力资源经理、财务经理和研究开发经理等。

2.1.5 经营

经营是指某一具体的经济实体自主地适应和利用环境，面向市场，以商品生产和商品交换为手段，旨在实现自身经济目标的经济活动。

经营和管理既有区别又有联系，二者是相辅相成的关系。一方面，经营决定管理。经营是企业一切经济活动的中心，是管理的前提、管理的重心所在。另一方面，管理依存和制约于经营。管理是经营的保证。也就是说，经营是明确企业经济活动的方向性问题，指导企业做正确的事。在此前提下，还要注意做事的效率，即正确地做事，这就离不开管理。

医药商业企业经营管理，是指根据客观经济规律的要求，为实现经营目标，按照科学的程序和方法，对医药商业企业的人力、物力、财力以及信息等要素进行有效的计划、组织、指挥、监督和控制，以取得最佳经济效益和社会效益的经济活动。

2.2 企业管理思想

管理思想的产生和发展同管理实践活动有着密切的关系。管理思想是对管理实践中积累的经验进行总结、提炼以后而形成的，管理思想随着社会生产力的发展而发展。从亚当·斯密的社会劳动分工理论，到泰勒的科学管理、法约尔的一般管理理论及梅奥的人际关系理论，都为现代管理理论的产生和形成奠定了坚实的基础。

2.2.1 劳动分工思想

苏格兰的政治经济学家亚当·斯密认为劳动分工可以提高生产效率。原因可以归纳为3条。其一，增加了每个工人的技术熟练程度。经常从事某一工作，肌肉能够得到锻炼，不易引起疲劳，重复同一操作，技术熟练，工作较快。其二，节省了从一种工作转换为另一种工作所需要的时间。其三，发明了许多便于工作又节省劳动时间的机器。

2.2.2 科学管理思想

科学管理阶段最杰出的代表人物有美国的弗雷德里克·温斯洛·泰勒和法国的法约尔。

2.2.2.1 泰勒的管理思想

泰勒通过对生产现场活动的长期观察，认识到：落后的管理是造成工人"磨洋工"、劳资冲突不断和生产率低下的主要原因。1919年他出版了《科学管理原理》一书。其基本出发点是：效率至上、标准化、劳资协作。内容概括起来主要有：工作定额原理、能力与工作相适应原理、标准化原理、差别计件付酬制、计划和执行相分离原理。

2.2.2.2 法约尔的管理思想

法约尔的管理理论是站在高层管理者的角度研究整个组织的管理问题。他提出了适用于各类组织管理工作的五大职能和有效管理的14条原则。法约尔首先把管理活动分为计划、组织、指挥、协调与控制五大职能，并对这五大管理职能进行了详细的分析和讨论。他还提出了14条原则，即劳动分工、权力与责任、纪律、统一指挥、统一领导、个人利益服从集体利益、合理的报酬、适当的集权与分权、跳板原则、秩序、公平、保持人员稳定、首创精神、人员的团结。

2.2.3 行为管理思想

梅奥是对中期管理思想发展做出重大贡献的人物之一，他在美国西方电气公司的霍桑电话机厂进行了著名的霍桑试验。结果表明，人的心理因素和社会因素对生产效率有极大的影响。其主要观点如下。

① 员工是"社会人"，有社会心理方面的需求，不是单纯追求物质利益。

② 通过提高员工的满意度来激发"士气"，可以达到提高生产效率的目的。

③ 企业中除了正式组织外，还有非正式组织。在正式组织中，以效率逻辑为行动标准，为提高效率，企业各成员之间保持着形式上的协作。在非正式组织中，以感情逻辑为行动标准，即出于某种感情而采取行动。

行为管理思想的产生改变了人们对管理的思考方法及行为方式。它促使管理者把员工视为需要予以保护和开发的宝贵资源，而不是简单的生产要素，从而强调从人的需求、动机、相互关系、工作环境和社会环境等方面研究管理活动及其执行结果对组织目标和个人成长的双重影响。

2.2.4 定量管理思想

定量管理的核心，是把运筹学、统计学、电子计算机等用于决策和提高组织效率。通过将科学的知识和方法用于研究复杂的管理问题，可以帮助组织确定正确的目标和合理的行动方案。

定量管理思想的特点是，力求减少决策中的个人主观判断成分，力求决策方案的最优化；广泛使用电子计算机作为辅助决策手段，使复杂的问题能在短时间内得到优化的解决方案。但是，定量管理思想并不能很好地解释和预测组织中成员的行为，有时还受到实际情境难以定量化的限制。

2.2.5 现代管理思想

随着社会经济的迅速发展和科学技术的进步，许多新的管理思想不断涌现出来，系统管理思想和权变管理思想是其中占主导地位的现代管理思想。

2.2.5.1 系统管理思想

所谓"系统"，就是由若干相互依存、相互作用的部分以一定的形式组合而成的一个具有特定功能的有机整体。

系统管理思想认为：组织是一个系统，由相互依存的众多要素组成。例如，某一企业由生产部门、营销部门、采购部门、财务部门、人力资源部门等组成。各部门相互依存、相互作用、相互影响，局部最优不等于整体最优。管理人员的作用就是确保组织中各部分能得到相互的协调和有机的整合，以实现组织的整体目标。同时，组织是一个开放的系统，与周围环境相互影响、相互作用。正因为如此，一个组织的成败，往往取决于其管理者能否及时察觉环境的变化并及时地做出正确的反应。

2.2.5.2　权变管理思想

权变管理思想是系统管理思想向具体管理行动的延伸与应用。"权变"即相机而变、随机应变。需要根据具体环境的变化采取不同的管理方式。权变管理思想是在继承以前的各种管理思想的基础上，希望通过对环境因素的研究找到各种管理原则和理论的具体适用场合。权变管理思想是为适应经济活动国际化、组织大规模化和组织环境复杂多变等新形势而提出的对管理方式多样性和灵活性的要求。

现代企业管理者，不仅需要掌握处理问题的多种模式和方法，还必须清楚各种模式和方法究竟要在什么样的条件下使用才会取得最好的效果。任何管理模式和方法都不可能是普遍最佳的，只能在某种条件下是最合适、最适用的。因此，管理者不但要注重学习和开发管理的新模式、新方法，还应该通过实践领悟各种模式或方法适用的场合，以便能将管理理论转化为卓越的管理业绩。

2.3　管理的基本原理

管理的基本原理是对客观事物的实质及其运动规律的基本表述，它是现实管理现象的抽象，是对各项管理制度和管理方法的高度综合与概括，因而对一切管理活动具有普遍的指导意义。学习和掌握管理的基本原理，对做好管理工作有着普遍的指导意义。

2.3.1　系统原理

现代医药企业是一个由经济系统、技术系统、人文系统、社会组织结构系统和管理系统相互交叉融合而成的复杂的社会技术系统，其基本要素是人、物资、设备、资金、信息等。医药企业通过自身的管理系统合理组织利用企业资源，为社会提供各种药品，并获得一定的经济效益和社会效益。

系统的特征如下。

（1）集合性　这是系统最基本的特征。一个系统至少由两个或两个以上的子系统构成。例如，一个医药批发企业系统通常是由采购、仓储、销售、财务等子系统组成的统一体。

（2）层次性　这是系统的本质属性。是指系统内各组成要素构成多层次阶梯结构。这个多层次阶梯结构通常呈金字塔形。

（3）相关性　指系统内各要素之间相互依存、相互制约的关系。如果其中一个要素发生变化，必然影响到其他相关联要素，从而影响系统的整体状态。例如，在药品生产中，药品生产车间的温度或湿度出现问题，就会影响到相关药品的生产。

（4）目的性　任何一个系统都有其特定的目的。医药企业的生产经营管理系统的目的就是完成或超额完成生产经营计划，实现所规定的质量、品种、成本、利润等指标。生产技术系统的目的，则是实现某种技术要求，达到规定的性能指标、经济指标和进度指标。所以，系统的目的还决定系统的基本结构和功能。

（5）整体性　系统是具有特定结构和功能的整体。例如，一个制药厂是由生产车间、辅助车间及相应的管理部门组成的具备药品生产功能的统一体。系统整体功能大于各个组成部分功能之和。

（6）开放性　严格地讲，完全封闭的系统是不能存在的。在现代社会，系统只有与外界不断交流物质、能量和信息，才能维持生命。对外开放就是在维持系统的生命。

（7）环境适应性　指系统要适应环境的变化。任何一个系统都存在于一定的物质环境之中，都要与环境进行物质、能量和信息交换。环境的变化对系统有很大的影响，只有经常与外部环境保持最佳适应状态的系统才是理想的系统，不能适应环境变化的系统是难以生存的。

2.3.2　弹性原理

弹性原理是指在任何管理活动中都要有适应客观情况变化的能力，都必须留有余地。管理所碰到的问题，是涉及多因素的复杂问题，要完全掌握所有因素是不可能的，管理者必须如实地承认自己认识上的缺陷，因此管理必须留有余地。

管理活动具有很大的不确定性，管理者与被管理者都是具有积极思维活动的生命，始终处于运动和变化之中。某种管理方法，也许非常适应一种情况，但如果把这种方法僵化起来，没有一定的弹性，在另外的情况下就可能不起作用。

管理是行动的科学，有后果问题。由于管理的因素多、变化大，一个细节的疏忽就可能产生巨大的影响，"失之毫厘，谬以千里"。因此，管理从一开始就应保持可调节的弹性，即使出现差之盈尺，也可应付自如。

2.3.3　整分合原理

整分合原理是指现代高效率管理必须在整体规划下明确分工，在分工基础上进行有效的综合。整分合的主要含意是"整体把握、科学分解、组织综合"，即要提高工作效率，必须首先对整体情况有充分、细致的了解，在此基础上，再将整体分解成一个个基本要素；分解就是明确各个局部的功能，每个部分的工作都安排合适的人员，做到分工明确，并且各项工作都规范化，建立责任制，然后按科学规律进行总体组织综合，实现系统的目标。

整分合原理的要点如下。

① 整体观念是前提。必须对整体情况有一个全面、充分的了解，处理好整体与局部的关系。否则，分工必然是混乱而盲目的。

② 分工是关键。一个整体如果没有科学的分工，只能是吃大锅饭，导致低效率。整体任务、目标经过分解后才能落实。在合理分工的基础上，只有组织严格、有效的协作，才能有效地进行管理。

③ 组织综合是形成新生产力的重要条件，是系统正常运转的保证。分工可能会产生一些新问题，如各个工作环节的脱节等。因此，必须进行强有力的组织管理，使各个环节同步协调，有计划、按比例综合、平衡地发展。

2.3.4　反馈原理

反馈是由控制系统把信息输送出去，又把其输出作用的结果返送回输入端，并对信息的再输出产生影响，起到调节的作用，以达到预期的目的。

反馈原理是指在管理中，随时注意收集反馈信息并与管理目的进行比较，当行动偏离目的时，及时进行调控，以达到预期的管理目的。也就是"一切从实际出发"、"实践是检验真理的唯一标准"这一马克思主义基本原理在现代化管理中的贯彻和体现。

管理者在实际工作中运用反馈原理，主要是控制系统要能及时、准确地接收、处理、利用反馈信息。

反馈原理的要点如下。

① 控制系统人员要配备好，不断提高素质，提高接收、处理、利用反馈信息的能力。

② 要建立专门的反馈机构，如科学预测机构、咨询公司、思想库、参谋部等。反馈机构应将反馈信息灵敏、准确、有力地反映给指挥中心。反馈机构的工作不能由执行机构或监督机构代替。

③ 优化管理，决策、执行、反馈、再决策、再执行、再反馈……不断螺旋上升，使管理不断完善、不断进步。

2.3.5 效益原理

效益是管理的永恒主题。任何组织的管理都是为了获得某种效益。效益的高低直接影响组织的生存和发展。

效益原理就是在管理中要讲究实效，尽量减少劳动消耗，在尽量少的劳动时间里，创造出符合社会需要的满意的经济效益和社会效益。

效益原理的要点如下。

效益是管理的根本目的。管理就是对效益的不断追求。这种追求是有规律可循的。

① 在任何管理活动中都必须坚持两种效益相统一的观点。社会效益是前提，经济效益是根本，要两个效益一起抓。

② 坚持整体性原则，既要从全局效益出发，又要从局部的效益着眼，以获得最佳的整体效益。

③ 要善于把长远目标与当前任务相结合，增强工作的预见性、计划性，减少盲目性、随意性，达到事半功倍的效果。

追求效益要学会自觉地运用客观规律。医药流通企业要学会运用价值规律，随时掌握市场情况，制定灵活的经营方针，灵敏地适应复杂多变的竞争环境，满足社会需求，这样才能够获得好的效益。

2.3.6 激励原理

激励原理是根据人的行为规律，通过强化人的动机来调动人的积极性的一种理论。

2.3.6.1 对人的认识

既然激励是根据人的行为规律来调动人的积极性，那么首先应该对人有一个基本的认识。基于对人的不同认识，相应地就会有不同的激励理论和激励方法。

（1）"经济人"假设 指把人的一切行为都看成是为了最大限度地满足自己的经济利益，工作就是为了获得报酬。泰勒是"经济人"观点的典型代表，他提出的差别计件工资制就是基于这种观点。

(2)"社会人"假设　该假设认为，人除了有经济上的需求外，还有友谊、受人尊重等社会因素方面的需求，社会性需求的满足比经济报酬更能激励人们。因此，管理不应只限于指挥和监督，要善于引导，要培养职工之间的感情，形成归属感。

(3)"自我实现人"假设　这是马斯洛在人的需要层次理论中提出来的。自我实现指的是，人都需要发挥自己的潜力，表现自己的才能，只有人的潜力充分发挥出来，人才会感到最大的满足。

(4)"复杂人"假设　该假设认为，人是复杂的，人的需求会随着外部环境和自身条件的变化而变化。超 Y 理论和权变理论都是在这种假设的基础上产生的。超 Y 理论认为，人的需求是多样化的，而且会随情况的变化而变化。权变理论要求管理人员根据具体的人和不同的情况，灵活采取不同的管理措施。

2.3.6.2　人的需要理论——需要层次理论

美国人马斯洛（Abraham Maslow）的需要层次理论的基本观点是：人是有需要的，只有尚未满足的需要才能影响行为；人的需要有高低层次之分，低层次的需要满足之后，高层次的需要才出现。

马斯洛把人的需要分为 5 个层次。

① 生理的需要。这是最基本的需要，即衣、食、住、行等。

② 安全的需要。包括人身安全、财产安全。

③ 感情和归属的需要。包括友谊、爱情、归属感等。

④ 尊重的需要。包括自尊和受别人尊重。

⑤ 自我实现的需要。这是最高一级的需要，指成就、职位、地位等。马斯洛认为，这种需要就是人希望越变越完美的欲望，人要实现他所能实现的一切的欲望。

2.3.6.3　激励理论

美国心理学家赫茨伯格（F. Herzberg）把对人的激励的因素分为两类，一类是保健因素，另一类是激励因素。

使职工对工作不满意的因素是外界环境引起的，如公司政策、工作条件、人际关系、地位、安全、生活条件等。这些因素满足了，只能消除职工的不满，不能调动他们的积极性。这类因素称为保健因素。

使职工感到满足的因素是工作本身产生的，如工作富有成效、有挑战性，工作成绩被人承认，负有责任感等。这些因素满足了，可以激发职工的工作热情。这类因素称为激励因素。

因此，要调动职工的积极性，就必须注意激励因素的满足，要赋予他们有挑战性的工作，使他们负有责任。目标管理中强调职工参与和自我控制就是这个道理。

我国许多医药企业用激励员工的方法实行有效的管理，相当数量的企业定期举办员工之间推销业绩的竞赛活动，通过竞赛来激发他们的工作热情；有些企业让员工享有到外地甚至国外度假的机会，使其有效地消除工作中的疲劳，以更好的姿态迎接新的工作；还有些企业让员工分享企业利润或分配红利，也可起到激励员工的作用。

2.3.6.4　期望理论

期望理论认为对人的激励力取决于其对行为结果的预期效价和这一结果实现的可能性，即

$$激励力＝预期效价×实现结果的概率$$

同一事物对不同的人来说，其效用是不同的。而且，不同的人，对结果实现可能性的认识也是不相同的。这就要求对员工做工作时，应使其对工作成果有正确的认识，提高效价，同时要使其增加实现目标的信心，即提高实现结果的概率。

2.4　管理方法

管理方法是在管理活动中为实现管理目标、保证管理活动顺利进行所采取的工作方式。管理原理必须通过管理方法才能在管理实践中发挥作用。管理方法是管理理论、原理的自然延伸和具体化、实际化，是管理原理指导管理活动的必要中介和桥梁，是实现管理目标的途径和手段，它的作用是一切管理理论、原理无法代替的。管理方法一般可分为行政方法、经济方法和教育方法。

2.4.1　行政方法

2.4.1.1　行政方法的内容与实质

行政方法是指依靠行政组织的权威，运用命令、规定、指示、条例等行政手段，按照行政系统和层次，以权威和服从为前提，直接指挥下属工作的管理方法。

行政方法的实质是通过行政组织中的职务和职位来进行管理。它特别强调职责、职权、职位，而非个人的能力或特权。任何部门、单位总要建立若干行政机构来进行管理，它们都有严格的职责和权限范围。上级指挥下级，完全是由于高一级的职位所决定的；下级服从上级是对上级所拥有的管理权限的服从。

2.4.1.2　行政方法的特点与作用

（1）行政方法的特点

行政方法实际上就是行使政治权威，其主要特点如下。

① 权威性。行政方法所依托的基础是管理机关和管理者的权威。管理者权威越高，他所发出指令的接受率就越高。提高各级领导的权威，是运用行政方法进行管理的前提，也是提高行政方法有效性的基础。管理者必须努力以自己优良的品质、卓越的才能提高管理权威，而不能仅仅依靠职位带来的权力来强化权威。

② 强制性。行政权力机构和管理者发出的命令、指示、规定等，对管理对象具有程度不同的强制性。行政方法就是通过这种强制性来达到指挥与控制管理活动过程的目的。但是，行政强制与法律强制是有区别的：法律强制是通过国家机关和司法机构来执行的，规定人们可以做什么、不可以做什么；行政强制是要求人们在行动的目标上服从统一的意志，在行动原则上高度统一，但允许人们在方法上灵活多样。

③ 垂直性。行政方法是通过行政系统、行政层次来实施管理活动的。行政指令一般都是自上而下，通过纵向直线下达的。下级组织和领导人只接受一个上级的领导和指挥，对横向传来的指令基本上是不理睬的。因此，行政方法的运用，必须坚持纵向的自上而

114

下，切忌通过横向传达指令。

④ 稳定性。行政方法是在特定组织行政系统范围内适用的管理方法。由于行政管理系统一般都具有严密的组织机构、统一的目标、统一的行动、强有力的控制，对于外界干扰有较强的抵抗作用，所以运用行政方法进行管理可以使组织具有较高的稳定性。

⑤ 无偿性。运用行政方法进行管理，上级组织对下级组织的人、财、物等的调动和使用不遵循等价交换的原则。一切根据行政管理的需要，不考虑价值补偿问题。

⑥ 具体性。相对于其他方法而言，行政方法比较具体。不仅行政指令的内容和对象是具体的，而且在实施过程中的具体方法上，也因对象、目的和时间的变化而变化。所以，任何行政指令往往是在某一特定的时间内对某一特定对象起作用，具有明确的指向性和一定的时效性。

（2）行政方法的作用

① 行政方法的运用有利于组织内部统一目标、统一意志、统一行动，能够迅速、有力地贯彻上级的方针和政策，对全局活动实行有效的控制。尤其是对于需要高度集中和适当保密的领域，更具有独特作用。

② 行政方法是实施其他各种管理方法的必要手段。在管理活动中，经济方法、法律方法要发挥作用，必须经由行政系统的中介，才能具体地组织与贯彻实施。

③ 行政方法可以强化管理作用，便于发挥管理职能，使全局、各部门和各单位密切配合，并不断调整它们之间的进度和相互关系。

④ 行政方法便于处理特殊问题。行政方法时效性很强，它能及时地针对具体问题发出命令和指示，可以较好地处理特殊问题和管理活动中出现的新情况。

2.4.2 经济方法

2.4.2.1 经济方法的内容与实质

经济方法是指根据客观经济规律，运用各种经济手段，调节各种不同经济利益之间的关系，以提高整体的经济效益与社会效益的方法。这里所说的各种经济手段，主要包括价格、税收、信贷、工资、利润、奖金、罚款以及经济合同等。不同的经济手段在不同的领域中，可发挥不同的作用。

经济方法的实质是围绕着物质利益，运用各种经济手段正确处理好国家、集体与劳动者个人三者之间的经济关系，最大限度地调动各方面的积极性、主动性、创造性和责任感，促进经济的发展和社会的进步。

2.4.2.2 经济方法的特点

与其他方法相比，经济方法具有下面一些特点。

（1）利益性　这是经济方法的实质所在。经济方法是通过利益引导被管理者去追求某种利益，间接影响被管理者行为的一种管理方法。

（2）关联性　经济方法的使用范围很广。不但各种经济手段之间的关联错综复杂、影响面宽，而且每一种经济手段的变化都会引起多方面经济关系的连锁反应。有时，不仅影响当前，而且会影响以后，产生一些难以预料的后果。

（3）灵活性　一方面，经济方法针对不同的管理对象，如企业、职工个人，可以采用不同的手段；另一方面，对于同一管理对象，在不同情况下，还可以采用不同方式来进行管理，以适应形势的发展，例如，税收的增减可限制或鼓励某一产业的发展。增减的幅度越大，作用越明显。

（4）平等性　经济方法认为各个经济组织和个人在获取自己的经济利益上是平等的，社会按照统一的价值尺度来计算和分配经济成果；各种经济手段的运用对相同情况的被管理者起同样的效力，不允许有特殊。

2.4.2.3　经济方法的正确应用

经济方法与其他方法一样，必须正确运用才能充分发挥其价值。

① 要注意将经济方法和教育方法等有机结合起来。人们除了物质需要以外，还有精神和社会方面的需要。在现代生产力迅速发展的条件下，物质利益的刺激作用将逐步相对缩小，人们更需要接受教育，以提高知识水平和思想修养。再者，如果单纯运用经济方法，易导致讨价还价，"一切向钱看"的不良倾向，易助长本位主义、个人主义思想。

② 要注意经济方法的综合作用和不断完善。要发挥各种经济杠杆的作用，更要重视整体上的协调配合。如果忽视综合运用，孤立地运用单一杠杆，往往不能取得预期的效果。例如，价格对生产和消费同时有方向相反的调节作用。提高价格可以促进生产，但却抑制消费。但在经济生活中有些产品具有特殊的性质，因而仅凭单一的价格杠杆就难以奏效，必须综合运用一组杠杆。此外，还要不断完善各种经济手段和杠杆，使之趋于合理，以适应经济发展的需要。

2.4.3　教育方法

教育是按照一定的目的，要求对受教育者从德、智、体诸方面施加影响的一种有计划的活动。

管理的人本原理认为，管理活动中人的因素第一，管理最重要的任务是提高人的素质，充分调动人的积极性、创造性。人的素质是在社会实践和教育中逐步发展、成熟起来的。通过教育，不断提高人的政治思想素质、文化知识素质、专业水平素质，是管理工作的主要任务。现代社会科学技术的迅猛发展导致了知识更新速度的加快。因此，全面提高人的素质，对组织成员不断进行培养教育，就必然成为管理活动的一项重要内容。

教育是管理的基本方法之一，社会主义教育的方法是劳动群众自我完善和发展的一种有计划的活动，是加强社会主义精神文明建设的客观需要。

社会主义教育方法的根本任务，是适应和满足社会主义建设事业的需要，培养有理想、有道德、有文化、有纪律的劳动者，提高人的思想道德素质和科学文化素质。

思想教育方法是通过深入细致的思想教育，帮助管理对象正确看待和处理人与人之间以及人与社会之间的关系，使之成为有理想、有道德、有文化、有纪律的新型劳动者的方法。

2.4.3.1　思想教育工作中贯彻的原则

思想教育方法是调动人们积极性的根本方法。要保证思想教育工作行之有效，就必须

116

贯彻以下原则。

① 思想教育与物质鼓励相结合。

② 科学的原则。思想教育必须以马列主义的观点、方法为指导，同时借鉴西方行为科学的研究成果，研究被管理者的需要、动机和行为，把握思想状况和变化规律，提高思想教育工作的针对性、预见性和科学性。

③ 言教与身教相结合。欲正人，先正己。各级领导要不断提高自身的思想素质，言行一致，以身作则，严格自律。

2.4.3.2 思想教育的方法

（1）正面教育法 即用系统的科学理论和党的路线、方针、政策武装人们的头脑。

（2）示范教育法 即以先进典型为榜样，运用典型人物的先进思想、先进事迹教育群众，提高人们思想认识和觉悟的一种方法。

（3）比较鉴别法 指对不同事物的属性、特点进行对照，通过比较得出正确的判断，从而提高人们思想认识和觉悟的方法。

（4）个别谈心的方法 即针对管理对象的不同特点采取不同的教育方法，坚持"一把钥匙开一把锁"的原则，使上下级之间在平等、无心理压力的气氛中交换意见，从而及时、有效地解决思想问题。

（5）自我教育法 即受教育者自己教育自己，自己做思想工作的方法。它是在群众有较高自觉性、力求上进心理的基础上和在较好的社会环境下进行的思想教育。它能发挥受教育者自身的教育力量，融教育者与受教育者于一体，主动积极、易见成效。

3 法规知识

3.1 《药品经营质量管理规范》

《药品经营质量管理规范》（GSP）是国家药品监督管理局发布的强制性行政规章，由药品监督管理部门监督实施，以确保其在全社会药品经营企业中全面推行。现行的 GSP 是药品经营企业市场准入的一道技术壁垒。实行 GSP 认证制度，与药品经营企业的经营资格确认结合起来，GSP 已经成为衡量一个持证药品经营企业是否具有继续经营药品资格的一个硬杠杆。推行 GSP 对改变目前药品经营企业过多过滥、药品经营秩序混乱的现状，促进药品经营企业提高管理水平以及药品经营行业的经济结构调整发挥重要作用。

3.2 处方药与非处方药分类管理

① 为保障人民用药安全有效、使用方便，国家药品监督管理局负责处方药与非处方药分类管理办法的制定，负责非处方药目录的遴选、审批、发布和调整工作。各级药品监督管理部门负责辖区内处方药与非处方药分类管理的组织实施和监督管理。

② 处方药、非处方药生产企业必须具有《药品生产企业许可证》，其生产品种必须取得药品批准文号。

③ 非处方药的标签和说明书必须经国家药品监督管理局批准。非处方药的包装必须印有国家指定的非处方药专有标识，必须符合质量要求，方便储存、运输和使用。每个销售基本单元包装必须附有标签和说明书。非处方药标签和说明书除符合规定外，用语应当科学、易懂，便于消费者自行判断、选择和使用。

④ 根据药品的安全性，非处方药分为甲、乙两类。经营处方药、非处方药的批发企业和经营处方药、甲类非处方药的零售企业必须具有《药品经营企业许可证》。经省级药品监督管理部门或其授权的药品监督管理部门批准的其他商业企业可以零售乙类非处方药。零售乙类非处方药的商业企业必须配备专职的具有高中以上文化程度，经专业培训后，由省级药品监督管理部门或其授权的药品监督管理部门考核合格并取得上岗证的人员。

⑤ 消费者有权自主选购非处方药，并须按非处方药标签和说明书所示内容使用。医疗机构根据医疗需要可以决定或推荐使用非处方药。

⑥ 处方药只准在专业性医药报刊进行广告宣传，非处方药经审批可以在大众传播媒介上进行广告宣传。

3.3 合同

3.3.1 合同的内容

所谓合同，是指平等主体的自然人、法人和其他组织之间设立、变更、终止民事权利和义务关系的协议。合同也可称为契约、协议等。合同是双方的合意，因此合同的内容由当事人约定，一般情况下法律不强加干涉。合同一般要写明如下内容。

（1）当事人的名称或者姓名和住所　如果双方互不了解，则不仅要注意验证对方的真实身份和信用，还要写明双方的详细通讯地址或营业地址、电话号码。如果是商务方面的合同，最好协商写上双方的银行账号，一则保证交易安全，二则方便合同的履行，也方便将来合同纠纷时的救济。

（2）标的　标的是双方权利义务指向的对象。例如，买卖合同中的货品、租赁合同中的租赁物品、行纪合同中的委托事务等。

（3）数量　数量关系到双方的实质利益，一般要用法定计量方法加以明确，不能用"一捆"或"几匹"为计量单位。当然，有的合同中不须标明数量，如委托合同。

（4）质量　质量是引发合同纠纷的重要原因，一般可写明具体规格，越细越好。如果不懂行，也可以写"按国家标准或行业标准执行"。

（5）价款或者报酬　在有偿合同中，价款或者酬金的总额确定、计价方式、付款期限或付款批次等，都必须明确无误。

（6）履行期限、地点和方式　这也是预防合同纠纷的重要方面。何时履行关系到迟延履行的违约界定。因此，一般要精确到日，忌用月底、年底之类的词。履行地点不仅关系到双方的权利义务，涉及到运输费、保险费等问题，还关系到纠纷时的诉讼法院确定问题，因此要慎之又慎。

（7）违约责任 违约责任可以由双方在合同中预先约定，当事人既可以约定违约金、定金、也可以约定赔偿损失的计算方法。

（8）解决争议的方法 双方可以约定仲裁或诉讼方式解决合同纠纷。约定仲裁的，应当指明仲裁机关；约定诉讼的，应在法律规定的范围内约定管辖法院。

3.3.2 合同的订立

3.3.2.1 合同订立的程序

合同的主体、标的、内容，是构成合同关系的基本要素，但在现实经济活动中，这些要素不是自发结合的，必须有一个过程，即要签订合同。

合同的订立，是指双方或多方当事人依据法律的规定，就合同的各项条款进行协商，达成意思表示一致而确立合同关系的法律行为。双方或多方当事人的协商过程大致要经"要约"和"承诺"两个步骤。

（1）要约 指当事人一方向对方提出的订立合同的建议和要求。做出订约意思表示的人称为要约人。

一个符合法律要求的合格的要约必须具备下列条件。①希望与对方订立合同的意思表示。②要约的内容必须明确而且确定。③一般可规定对方答复的期限。这一等待期限又称为要约期限。合格的要约，一旦被接受，合同即告成立。要约人不能出尔反尔，否则属违背合同。

（2）承诺 指受要约人完全接受要约中的全部条款，向要约人做出同意按要约签订合同的意思表示。承诺是一种法律行为，是订立合同的最终条件。没有承诺，也就没有合同。

一个合格的承诺应具备如下 4 个条件。①承诺必须是绝对的和无条件的。②承诺必须由合法的受要约人做出。③承诺必须在要约有效期限内提出。④承诺必须通知给要约人。当承诺到达要约人时，要约人和承诺人就形成了双方的法律关系，承诺人不能再撤销承诺，否则就是违背合同。

3.3.2.2 有效合同与无效合同

（1）有效合同 指符合法律规定，所签订的条款对当事人各方具有法律约束力，并受国家法律强制力保护的合同。

（2）无效合同 指不符合法律规定，不受法律保护，所订立的条款对当事人没有法律约束力的合同。《合同法》第五十二条规定，有下列情形之一的，合同无效：①一方以欺诈、胁迫的手段订立合同；②恶意串通，损害国家、集体或者第三人利益；③以合法形式掩盖非法目的；④损害社会公共利益；⑤违反法律、行政法规的强制性规定。

但是，在现实生产、生活中，无效合同还有以下几种情况：①不具有生产经营资格的单位和人员签订的合同（属主体不合格）；②限制行为能力人依法不能签订合同时签订的合同；③盗用他人名义签订的合同；④代理人没有代理权、超越代理权或代理权终止后签订的未被被代理人追认的合同；⑤代理人以被代理人的名义同自己或自己代理的其他人签订的合同；⑥以国家禁止流通物或以国家限制流通物为标的的合同；⑦非法转让或倒卖的合同。

3.3.3 合同履行与合同变更

3.3.3.1 合同履行

合同履行是指签约双方当事人按照合同约定完成合同义务、享受合同权利的行为。合同的履行原则如下。

(1) 实际履行原则 指当事人必须按照合同规定的标的来履行，不能用其他标的代替，也不能用金钱代偿。

(2) 适当履行原则 指履约行为和结果同约定条款的要求相符合。

(3) 协作履行原则 指双方当事人应本着团结、协作、互相帮助的精神共同完成合同规定的权利义务。

(4) 诚实信用原则 当事人在履行合同中，应遵守诚实信用的原则，根据合同的性质、目的及交易习惯正确履行合同规定的义务。

3.3.3.2 合同变更

变更合同应贯彻协商的原则，变更合同的协议最好采用书面形式。当事人一方应向对方提出变更合同的要约（先做出意思表示），对方对要约做出承诺。在双方没有达成新的协议之前，单方面变更合同属违约行为。

3.3.4 定金与违约金、赔偿金

3.3.4.1 定金

定金是指签约当事人一方为了证明和确保合同的成立而预先给付对方一定数额的货币。债务人履行债务后，定金应当抵作价款或者收回。给付定金的一方不履行约定的债务的，无权要求返还定金；收受定金的一方不履行约定的债务的，应当双倍返还定金。当事人既约定违约金，又约定定金的，一方违约时，对方可以选择适用违约金或者定金条款。

3.3.4.2 违约金、赔偿金

(1) 违约金 指合同当事人在合同中预先约定的，当一方不履行合同或不完全履行合同时，由违约的一方支付给对方的一定金额的货币。违约金既具有赔偿性又具有惩罚性。

(2) 赔偿金 指当事人一方，其违约行为给对方造成损失时，为了补偿违约金不足部分而支付给对方的一定数额的货币。支付赔偿金必须具备两个特殊条件：一是，违约行为确实给对方造成了损失；二是，支付违约金后还不足以补偿此损失。

为了避免在违约金交付问题上发生争议，当事人可以约定一方违约时应当根据违约情况向对方支付一定数额的违约金，也可以约定因违约产生的损失赔偿额的计算方法。约定的违约金低于造成的损失的，当事人可以请求人民法院或者仲裁机构予以增加；约定的违约金过分高于造成的损失的，当事人可以请求人民法院或者仲裁机构予以适当减少。

医药商品经营与管理的基本技能

4 计划工作

4.1 计划工作概述

计划工作也称计划管理，它是指预测未来，设立目标，决定政策，选择方案，以期经济地使用现有资源，把握未来发展，获得最大组织成效的活动。

计划工作就是要解决实现组织目标的6个方面的问题，即为什么要做、做什么、谁去做、在什么地方做、在什么时候做和怎样做的问题。由于医药商品流通企业是在一定的外部环境条件下运行的，企业资源也是有限的，计划工作实际是在外部环境和内部条件的约束下，确定企业在一定时期内要达到的目标，制定实现目标的措施。它包括对企业内部的人力、物力、财力在数量上进行综合平衡，在时间上合理安排，以及使企业内部结构和企业行为与外部环境相互协调，保证目标的实现。因此，企业的计划工作可看成是一种管理方式和手段，计划工作的结果就是提供一份完整的计划。

4.1.1 计划的含义

所谓计划，是指人们为了实现一定目标而制定的未来行动方案。计划有时也称预算、规划等。一般把用金额表示的项目计划称为预算，把具有较长时限的计划称为规划。

计划通常是用数据加文字说明写成的一种书面文件，是通过计划编制工作制定出来的。包括如下几方面的内容：①前一期的计划执行情况，包括计划完成的结果、完成或未完成的原因；②编制计划的依据，包括国家有关的方针政策、经济形势、企业的客观条件等；③计划期应达到的目标；④实现目标的措施、手段和其他有关说明。

4.1.2 计划的种类

（1）按计划期的长短分

① 长期计划。通常也称规划或战略计划，计划期一般为3~5年，有时更长。长期计划的内容主要是确定企业的发展战略、经营方针、经营规模、经营范围等，是医药企业今后较长一段时期内的经营指导思想和行动指南。

② 年度计划。计划期为一年。它是依据长期计划制定的，是长期计划的具体体现，也是长期计划实现的保证。

③ 短期计划。也称作业计划和进度计划，一般以季度、月、旬为计划周期。短期计划是依据年度计划对医药商品流转活动制定具体的进、销、运、存的工作计划，是年度计划实现的保证。

（2）按计划表示的内容和职能分

① 医药商品流转计划。它是医药商品流通企业的基本计划，对企业在计划期内组织

医药商品流通的规模予以规定。它以医药商品销售计划为核心，并包括购进计划、库存计划等。

② 医药商品销售计划。它是以市场需求为依据编制的。销售计划的计划指标包括销售量、销售额、销售结构（包括产品结构和市场结构）、市场定位、市场占有率等。

③ 医药商品购进计划。它是以医药商品销售计划为依据编制的，是医药商品销售计划的资源保证。医药商品购进计划的计划指标包括购进数量和金额、购进品种、购进时间、供货厂商等。

④ 医药商品库存计划。它是为衔接医药商品销售和购进而制定的计划，是由医药商品销售规律、资源与运输条件所决定的。库存计划的指标主要有库存量、库存金额、库存结构、库存控制策略等。

⑤ 财务计划。它是以医药商品流转计划为依据编制的，对保证医药商品流转顺利进行所需的资金来源、医药商品流转所必须支出的费用、企业完成医药商品流转计划形成的盈利及分配予以规定，并为合理使用资金、降低费用、提高经济效益制定措施和对策。

⑥ 劳动工资计划。它是为了实现医药商品流转计划，而对所需劳动力和劳动报酬数额予以规定，并为在保证服务质量的前提下不断提高劳动生产率确定对策。劳动工资计划的主要指标有职工人数、人员结构、工资总额、劳动效率等。

⑦ 职工培训计划。它是医药商品流通企业为提高职工素质而进行智力投资的计划。其计划指标的内容主要包括培训方式、培训内容、培训人数和培训时间等。

4.1.3 计划指标

计划指标是计划方案中用数字表示的计划期内预期达到的具体目标，如销售额、利润率、资金周转速度等。医药商品流通企业经营计划的指标体系主要由以下几类指标构成。

（1）医药商品流通量指标　对医药企业计划期内的经营规模和工作量予以规定，如进货量、销售量、库存量等。由于医药商品的种类很多，不同种类的医药商品其计量单位有时不一样，为便于统计和比较，常用价值量来表示医药商品流通量，如进货额、销售额、库存额等。

（2）服务质量指标　规定医药企业计划期内应达到的工作质量或服务质量水平，如缺货率、差错率、准时到货率等。

（3）财务成果与经济效益指标　表示医药企业在计划期内应实现的经营成果和对资源的利用程度，如利润额、利润率、费用水平、资金利润率、劳动生产率等。

4.2 计划的编制

4.2.1 计划的编制程序

编制一份计划一般要经过两个阶段，即准备阶段和编制阶段。

（1）准备阶段

① 了解相关法规，并以此作为编制计划的依据之一。

② 分析前一期计划执行情况。前一期计划完成情况是编制下一期计划的参照标准。

③ 环境调查和市场预测。调查研究当前和未来的市场环境，并对市场的发展趋势进行预测，是制定计划的关键。环境调查的内容包括经济形势及发展趋势、竞争对手的活动及发展动向、顾客需求及变化、制造厂商的生产状况及产品更新等。在定性调查的基础上尽可能多地得到量化数据，为市场预测提供数据资料。

④ 内部条件分析。内部要素是实现计划目标的保证条件，只有内外协调平衡，制定的计划才有可行性。内部条件分析要调动职工的参与意识，使行动方案具有良好的群众基础。

（2）编制阶段　该阶段的任务是要形成计划文件。

① 确定计划目标。计划目标是计划方案的核心，通常以量化的数字指标来表示。计划目标是在上述分析、预测的基础上确定的。确定目标时必须考虑社会责任问题，如医药企业对用户的满足水平、服务质量、提供社会就业等。

确定目标可能遇到的最大障碍有两个。一是多目标之间的协调。例如，医药企业经济效益目标与社会责任目标、数量目标与质量目标、医药企业整体目标与职工利益目标等经常是矛盾的。确定目标时应协调好这些矛盾。例如，医药企业整体与职工利益之间，使职工利益得到较多的满足时，可能更好地调动职工积极性，有利于整体效益的提高。二是目标风险性的估计。目标实现的风险性，在市场经济条件下是必然存在的，问题是如何预测和对待风险，将风险损失控制在最低限度。

② 试算平衡。试算平衡是根据市场分析和预测的结果，考虑医药企业内部可能的条件，运用各指标之间的相互关系计算出主要指标，然后根据主要指标计算出其他指标并拟订计划草案，提交经营决策部门审议。

③ 审议修改。经决策部门审议，对计划不合适的地方提出修改意见，经修改后再行审议，直至决策部门认可为止。

④ 确定编制正式计划文件。计划草案经决策部门审议认可后，按计划草案的内容和格式要求编制出正式的计划文件。

4.2.2　计划的编制方法

医药商品流通企业计划的编制方法主要有综合平衡法、比例法、动态关系法、滚动计划法和目标管理法。

（1）综合平衡法　这是编制计划的基本方法。平衡是指企业经营活动中各个局部、各个环节、各种要素和各种指标之间的平衡。综合平衡就是利用这些平衡关系来确定计划指标。例如，医药商品流转计划是反映医药商品流通企业经营规模的主要计划。其指标体系由购进指标、销售指标和库存指标三者构成，它们之间存在如下平衡关系。

计划购进量＋期初库存量＝计划期销售量＋期末库存量

在医药商品流转计划中，销售指标是指标体系的核心，因为只有销售指标实现了，企业的经营规模才算达到，企业的利润目标才可能实现。因此，根据上述平衡关系式，编制医药商品流转计划时，要以销售量来安排购进量和库存量。

（2）比例法　指以历史上形成的有关指标之间比较稳定的比例关系为基础，结合计划期内因素的变动情况来推算相关指标的一种计划编制方法。这种方法对结构性计划指标体系中指标的确定效果最佳。如编制医药商品品种结构计划时，通常采用这种方法，其计算方法如下。

某医药商品计划销售额＝计划期医药商品销售总额×该医药商品占医药商品销售总额的比例

采用这种方法时应注意两点：一是历史上形成的比例关系要具有稳定性，不是忽高忽低，否则不宜采用；二是对计划期影响因素的变化要进行全面分析，并对历史上形成的比例进行恰当调整。

（3）动态关系法　指利用某种指标在历史上发展变化的一般规律，考虑计划期内的变化因素，确定计划指标的一种方法。计划指标的计算公式为

计划期指标＝上一期该项指标完成数×（1＋计划期该项指标增长的百分比）

这一方法的关键是确定计划期内指标增长的百分比。它由指标变化的规律性和计划期内影响因素的变化决定。

（4）滚动计划法　由于企业处在不断变化的环境之中，许多因素的变化在计划编制时是难以预料的，这就要求计划应有一定的灵活性，要能不断地进行修正，使其更加符合客观实际。滚动计划法就是应这种需要而产生的。它是一种动态计划编制方法。

滚动计划法采取远粗近细，逐步逼近的方法。将计划期分成若干执行期（一般分成3～5个执行期）。制定计划时，较远的执行期环境因素难以准确测定，计划指标和行动措施只能比较粗略；较近的执行期，影响因素比较容易掌握，计划方案则考虑得比较细致。随着滚动过程的不断进行，计划的多次修订，计划方案也就逐步逼近实际了。

（5）目标管理法　包括4个要素：确定目标、参与决策、明确期限和绩效反馈。其特征如下。

① 由各部门和全体员工根据企业总目标的要求，采取"自上而下"和"自下而上"相结合的方式来协调确定各自的分目标，最后形成以企业总目标为中心，上下左右紧密衔接和协调一致的目标体系。

② 在目标执行过程中实行逐级充分授权，使执行者能够自行确定实现目标的方法、手段，达到有责又有权的自主、自我管理。

③ 将员工的自检和互检与上级的成果检查相结合，实行基于工作成果评价的管理控制。

通过完整的目标管理，企业既贯彻了员工参与管理的思想，同时又建立了一套具体、可衡量的目标体系，从而实现了对员工行为的引导、激励和控制的统一。从这一角度出发，目标管理法被认为是一种科学合理的现代管理方法，而不单单是计划或目标的设定方法。

5　组织工作

5.1　组织工作的含义

组织工作是使人们明确组织中有些什么工作、谁去做什么、工作者承担什么责任、具有什么权力、与组织结构中上下左右的关系如何。只有这样，才能避免由于职责不清造成

执行中的障碍，才能使组织协调地运行，保证组织目标的实现。

组织工作做得好，可以达到个人力量简单相加所无法达到的整合效果，可以形成整体力量的汇聚和放大效应。否则，就容易出现"一盘散沙"，甚至造成力量相互抵消的局面。

5.2 组织设计

组织设计是指根据组织目标，将必须进行的各项活动加以分类和归并，设计出合理的结构并配备相应的人员，然后进行分工授权和协调的过程。组织设计一般常遇到 3 种情况：一是新建的组织需要设计管理组织系统；二是原有组织结构出现较大问题或整个组织目标发生变化时，需对组织系统重新估价与设计；三是对管理组织系统的局部进行增减或完善。

组织设计的结果通常体现在两份书面文件上。一是组织机构系统图，又称组织图或组织结构图。它一般是以树形图的形式简洁、明了地展示组织内部的机构组成及主要职权关系。绘图时，常以"方框"表示职位或部门。方框的垂直排列位置说明该职位或部门在组织层级中所处的位置，上下两方框相连的"直线"则体现了这两个职位或部门之间的隶属关系和权力关系。二是职务说明书，亦称职位说明书。它一般是以文字的形式规定某一职位的工作内容、职责和职权，与组织中其他职务或部门的关系以及该职务担当者所必须具备的任职条件等。

5.2.1 组织的设计原则

医药企业的组织结构应与企业所处的环境相适应，因为企业最终是要到环境中去运行的。设计什么样的组织结构，要根据企业本身的条件，因为一方面设计出来的组织结构要靠这些条件来支撑，另一方面组织结构的存在也是为企业的经营管理活动服务的。因此，因地、因事制宜，是现代组织设计的基本思想。

（1）以营销为中心原则 医药商品流通企业的中心任务是销售医药商品或为社会提供服务，又称为营销活动。无论是企业经济目标还是社会效益目标的实现，首先取决于营销工作。所以，企业的组织设计必须以营销活动为中心，应做好 3 个方面的工作：一是要把企业的主要力量安排在直接从事营销活动的机构中，包括人员数量在整个组织中的比例应该是最大的、人员的素质应该是最高的；二是营销机构必须是直线机构，由各层次的主要负责人直接领导指挥；三是在企业内部的协调关系中，其他部门的活动应该有利于营销活动的顺利进行，保证营销目标的实现。

（2）目标统一原则 组织结构的设计和组织形式的选择必须有利于组织目标的实现。目标层层分解，机构也相应层层建立下去，直至每一个人都了解自己在总目标实现中应完成的任务。这样建立起来的组织机构是一个有机整体。

（3）有效管理及合理管理层次原则 管理幅度是指一名管理者直接而有效地指挥下属的人数。管理幅度的大小，在很大程度上制约了组织层次的多少。每一个主管人员都应根据影响自身管理幅度的因素来慎重地确定理想宽度，在保证管理层次不增加的前提下能够实现对更多下属人员的有效控制与管理。

（4）权责对等原则 在进行组织结构设计时，既要明确每一管理层次和各个部门的职责范围，又要赋予完成其职责所必需的管理权限。有责无权束缚管理人员的积极性和主动性，无法完成任务；有权无责必然助长瞎指挥、滥用权力和官僚主义。

（5）统一指挥原则　被管理者必须服从一个上级的命令和指挥，这样才能保证指挥的统一性，避免多头领导和多头指挥，做到政令畅通，避免工作混乱无序。

（6）精干高效原则　在服从由组织目标所决定的业务活动需要的前提下，力求减少管理层次、精简管理机构和人员。一个组织，只有机构精简、队伍精干，工作效率才会提高。如果组织层次繁多、机构臃肿、人浮于事，一方面浪费了人力资源，另一方面由于多余环节的存在，增大了交往成本。而且，人员增多，还会增加人际关系方面的矛盾。

（7）稳定性与灵活性相结合的原则　组织结构及其形式要有相对的稳定性，不要总是轻易变动，还必须根据组织内外部条件的变化及组织目标的调整做出相应的改变。

5.2.2　组织的设计步骤

（1）工作岗位设计　工作岗位是根据专业化分工原则，按工作职能划分而成的。工作岗位是构成企业组织结构的基本单位。从亚当·斯密的分工理论知道，专业化分工有利于提高技术水平、可以缩短作业时间、能减少培训费用、有利于提高机械化程度。工作岗位应根据企业组织目标的需要来设计，不能设计出与目标无关的岗位。但是，如果分工过细，一方面会使工作人员感到工作单调而厌烦，另一方面还会增加内部调节的工作量。因此，进行工作岗位设计时，既要进行合理分工，又要适当扩展工作内容，使工作人员感到内容丰富充实、富有挑战性。医药商品流通企业组织结构中的工作岗位，一般有采购、销售、保管、养护、会计、出纳、统计、合同管理等。

（2）部门划分　一个部门通常由若干工作岗位组成。划分部门，具体应体现两个特征。一是部门与部门之间应具有相对较大的独立性，即部门之间的相关性应该小。二是部门内部应具有相对较大的凝聚度，即部门内部的相关性要大。因为这样便于明确责权关系，减少协调工作量。

医药商品流通企业中的部门归纳起来可分成三大类别，即业务经营部门、职能管理部门和后勤服务部门。业务经营部门是直接参与经营业务活动的部门，也称为直线部门，如采购部、销售部、储运部等。它们是实现企业目标的操作部门，是医药企业组织结构的主体。职能管理部门是对经营业务活动进行计划、指导、监督和调节的管理部门，如计划、财务、统计、劳资等部门。它们不直接参加经营业务活动，但与经营业务活动有着直接的联系。它们与业务经营部门的联系主要是通过信息的传递。职能管理部门是企业组织中各级直线领导者的参谋和咨询机构。后勤服务部门是间接为经营业务活动服务的部门。这些部门与职能管理部门不同，与经营业务的关系并不那么直接，不能对经营业务活动发挥监督指导作用，如人事、保卫等。

（3）管理层次及管理幅度设计　管理层次和管理幅度是决定组织结构的两个重要参数，而且管理层次与管理幅度是密切相关的。在组织规模一定的情况下，如果不考虑其他因素，管理幅度越大，管理层次就越少，否则管理层次就越多。

（4）职务设计　经过前面3个阶段的工作以后，一个组织的"硬件"结构已经形成。在这个"硬件"结构中，出现了各种工作岗位。组织工作还必须对各个岗位确定工作任务并规定任职资格，这就是职务设计。所谓职务，是指人们在某一岗位上应完成的工作任务和应具备的任职资格。

(5) 领导职位的规定与授权　所谓领导职位，是指组织中各层次上各部门领导者的工作岗位。在设计工作岗位时只是确定了一般工作人员的工作职位，而对领导者的职位，必须是在部门和层次结构设计出来以后方能规定。规定领导职位就是明确领导者在组织中的等级地位，并以一定的职位名称来表示。这些职位或职位名称是一种权力的象征，它们构成一个组织中的等级链。但是，处于这些职位的领导者的真正职权要待授权以后才能获得。领导者的权力，一是组织中赋予一定职位的权利，是领导授权形成的，属于职权部分。无论是谁在此职位上都拥有相应的权利。包括：法定权、强制权、奖励权。二是由于领导者的个人因素（如个人的资历、知识和技能、品德或感情）而形成的权力，包括：专长权、个人影响权。它不属于职权，因人而异。

(6) 规章制度制定与关系协调　一个组织是由许多部门和个人组成的，组织运行时，这些部门和个人之间存在着大量的、复杂的相互关系。这些关系中有相互制约的，有相互依存的，组织设计的最后一项工作，就是解决组织中各个部门、各个环节和各项活动之间的协调问题。由于主、客观原因，在组织运行过程中发生这样或那样的矛盾是不可避免的。这些矛盾归根到底是责任和权力的矛盾。解决矛盾的有效办法是通过制定各种规章制度来进行协调。

规章制度包括两个方面的内容：一是工作时必须遵循的原则、法则；二是工作的准则，即应该达到的标准。制定规章制度，实际是将各部门或岗位上工作人员的责任和权力更加具体地予以规定或说明，以便于操作执行和监督检查。医药商品流通企业建立的规章制度，主要应包括各类经营业务规程、安全规程、设备使用维修规程、定额管理规则、岗位责任制度、考勤制度、奖惩制度、经济核算制度等。

5.3　常见的组织结构形式

组织结构就是表现组织各部分排列顺序、空间位置、联系方式以及各要素之间相互关系的一种模式，它是执行管理和经营任务的体制。组织结构在整个管理系统中起"框架"作用，有了它，系统中的人力、物力、信息才能顺利流通，使组织目标的实现成为可能。常见组织结构形式主要有以下几种。

(1) 直线制组织结构　也叫单线制或军队制组织结构。其特点是无职能机构，按垂直系统进行管理。直线制组织结构如图4.2所示。

优点：机构简单、指挥统一、责权明确、决策迅速。

缺点：要求最高管理者是掌握多种专业知识的"全才"。

适应性：规模小、业务活动简单且稳定的组织。

(2) 职能制　指组织内除直线主管外还相应设立一些职能部门，分担某些职能管理的业务，有权在自己的业务范围内，向下级单位下达命令和指示。

优点：能够发挥职能机构的专业管理作用，减轻上层主管人员的负担。

缺点：妨碍了组织必要的集中领导和统一指挥，形成了多头领导，容易造成管理的混乱。

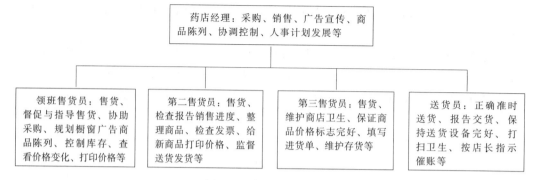

图 4.2　直线制组织结构

鉴于职能制的这些缺点，一般不采用。

（3）直线职能制组织结构　建立在直线制和职能制基础上的。这种组织结构的特点是：以直线为基础，在各级行政领导之下设置相应的职能部门从事专业管理。在这种组织模式中，直线部门担负着实现组织目标的直接责任，并拥有对下属的指挥权；职能部门只是上级直线管理人员的参谋和助手，主要负责提出建议、提供信息，对下级机构进行业务指导，但不能对下级直线管理人员发号施令，除非上级直线管理人员授予其某种职能权力。直线职能制组织结构如图 4.3 所示。

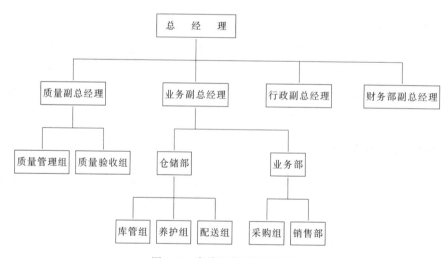

图 4.3　直线职能制组织结构

优点：一方面，它保持了直线制组织结构的权力集中、指挥统一的优点；另一方面，各级行政领导又相应配有参谋和助手，可以发挥管理职能机构和人员的作用。

缺点：信息传递路线长、效率低，难以选拔"全才"领导，协调困难。

适应性：这是一种被普遍采用的组织形式，中等规模的组织中最常采用。

（4）事业部制组织结构　指对内部具有独立的产品和市场、独立的责任和利益的部门实行分权管理的一种组织形式。在这种组织结构中，事业部一般按产品或地区划分，每一事业部具有独立的产品或市场，拥有足够的权力，能自主经营并实行独立核算、自计盈亏。各事业部作为利润中心，实行独立的财务核算，总部一般按事业部的盈利多少决定对事业部的奖惩。但事业部的独立性是相对的，不是独立的法人，只是总部的一个分支机构，即分公司。它的利润是依赖于公司总部的政策计算的，它在人事政策、形象设计、价格管理和投资决策方面一般没有大的自主权。这种结构政策制定集权化，业务营运分权化。

优点：使高层领导摆脱日常行政事务，集中精力搞好重大决策；可充分发挥事业部的主动性和积极性；有利于培养"全才"式领导。

缺点：易产生本位主义，事业部之间协调困难；机构重叠，管理人员增多，管理费用较高。

适应性：适用于产品种类多、差别大、市场范围广的大型企业，是欧美、日本各大企业典型的组织形态。

（5）集团控股型组织结构　它是在非相关领域开展多种经营的企业常用的一种组织形式。它以企业间资本参与关系为基础。即一个企业（通常是大公司）通过对另一个企业持有股权（可以是绝对控股、相对控股、一般参股），形成以母公司为核心的，各子公司（指被绝对控股、相对控股的企业）、关联公司（指被一般参股的企业）、协作企业（指那些通过基于长期契约的业务协作关系而被联结的企业）为紧密层、半紧密层、松散层的企业集团。

集团公司或母公司与它所持股公司的企业单位之间不是上下级之间的行政管理关系，而是出资人对被持股企业的产权管理关系。母公司作为大股东，通过向子公司派遣产权代表和董事、监事，从而影响子公司的经营决策。

5.4　组织的基本问题

5.4.1　授权

授权是指上级管理者将部分职权委让给部属的行为。授权的本质含义是管理者不要去做别人能做的事，而只做那些必须由自己来做的事。授权可以使管理者的能力在无形中得以延伸，适度授权可以使管理工作的效率大大提高。

过分集权可能降低决策的质量和速度；降低组织的适应能力；致使高层管理者陷入日常管理事务中，难以集中精力处理企业发展中的重大问题；降低组织成员的工作热情，且妨碍对后备管理队伍的培养。过分分权则可能使得实现一项统一的政策更加困难；增加各组织单位协调的复杂性；导致上层管理人员的部分权力失控，同样可能降低管理效率。

5.4.2　直线职权与参谋职权

将那些对组织目标的实现负有直接责任的部门称为直线机构，而把那些协助直线人员工作而设置的辅助部门称为参谋机构。

直线关系本质上是指挥和命令的关系，直线人员所拥有的是一种决策和行动的权力。参谋关系是一种服务和协助关系，授予参谋人员的只是思考、筹划和建议的权力。

直线职权关系并不仅仅存在于直线系统内，直线职权关系与直线系统是不同范畴的概念。参谋机构对其内部人员的管理，本质上与直线部门内部的管理一样，也需要依靠直线职权。

从理论上说，设置作为直线主管助手的参谋职务，不仅有利于适应复杂管理活动对多种专业知识的要求，同时也能够保证直线系统的统一指挥。然而在实践中，直线与参谋的矛盾冲突，往往是组织运行缺乏效率的重要原因之一。合理利用和正确发挥参谋人员的作用，需要注意以下几点：首先，分清双方的职权关系与存在价值，形成相互尊重、相互配合的良好关系；其次，必要时授予参谋机构在专业领域内的职能职权，以提高参谋人员的积极性；最后，直线经理要为参谋人员提供必要的信息，以便从参谋人员处获得有价值的支持。

5.4.3 人员选聘与考评

（1）人员选聘　组织可以通过外部选聘或内部提拔两种渠道获得所需的管理人员。

① 外部选聘。指根据一定的标准和程序，从组织外部的候选人中选择符合空缺职位工作要求的管理人员。优点：有助于利用外部优势，平息与缓和内部竞争者的紧张关系，为组织带来新鲜空气。缺点：外聘管理人员可能不熟悉组织内部情况和缺乏一定的人事基础；组织对应聘者的情况无法深入了解；内部员工积极性受到打击，可能使组织运行的绩效受到影响。

② 内部提拔。指随着组织成员能力的增强，在得到充分的证实后委之以需要承担更大责任的高一级职务。优点：有利于调动组织成员的积极性，提高工作热情；对选聘对象事先有比较好的了解，可以保证选聘工作的正确性；被聘者了解组织情况，上任后便可迅速开展工作。缺点：容易激化同事间的矛盾，可能造成"近亲繁殖"现象；在企业急需、缺乏人才时难以及时满足需要。

实例1　营销管理人员选聘

随着企业规模的扩大和市场份额的增加，企业营销管理所需要的中高级人才会成倍增加。这批人才从哪里来？一条重要渠道便是从优秀推销员队伍中遴选。这些人员既有理论知识，又有丰富的实践经验，特别熟悉本企业产品与相关产品市场。将他们充实到营销管理岗位上来，既能激励企业员工，又能使他们很快胜任营销管理工作，可以使企业营销队伍后继有人，充满活力。

实例2　推销业务员的选聘

推销业务员的选聘，第一种是低低组合，即只配备清一色的低素质推销员，其结果必然是培训难度大，工资支出少，推销业绩差；第二种是高高组合，即只配备高素质推销员，表面上看推销员队伍素质高，培训起来相对容易一些，但其缺点一是工资总额会大大提高，二是有将无兵，推销的整体业绩同样不一定随工资支出呈正比例增长；第三种是强弱组合，即少数强将与多数目前素质较低但基础条件较好的"弱兵"搭配，这样的推销员队伍，平均工资水平不高，培训比较容易，采取以老带新的方式见效快，能够用较少的投入获取较大的推销业绩，是一种比较理想的有较强向心力的推销员队伍组合。

当企业比较弱小时，不可能招聘到方方面面都比较优秀的销售人员，应该以人为本，采用灵活的管理方式，为各有特长的销售人员定制不同的薪酬制度、责权制度，以便于发挥个人特长。

（2）人员考评　目的是为确定人员的工作报酬提供基础；为组织人事调整提供依据；

为开展人员培训工作提供指导。定期的考评还可对有关人员起到促进相互学习和增进组织内部沟通的作用。

① 贡献考评。考评贡献时，必须注意将他个人的努力和部门的成就区别开来，即要从他所辖部门的贡献或问题中辨识出有多大比例归因于该人员。

② 能力考评。需要考察一定时间内该人员的工作水平，评估其现实的工作能力和发展潜力，分析其是否符合现任职务的要求，任现职后素质和能力是否有所提高，从而判别出其能否担任更重要的工作。

③ 绩效考核。管理者应了解每个岗位人员的具体工作，订立考核标准。清晰的考核指标本身就具有很大的激励性。在具体的考核指标上，要注意定量指标和定性指标相结合，对于考核结果要做出相应的响应，进行正负激励，然后制定改进计划并在实际工作中不断给予指导。绩效考核工作的目的是进一步提高工作绩效，而不是惩罚或者扣款。通过不断的反思、交流和改进，随时让员工知道工作的要求和方向，从而使他们真正具有参与感，并更加积极配合工作。

作业人员的薪酬管理，一要注意内部公平，二要对外具有竞争力，三要对员工具有激励性。激励的及时性也有助于取得最佳激励效果。另外，还要细致调查员工的需求，有针对性地实行奖励。

5.5 组织工作示例——推销员管理

5.5.1 推销员管理的基础工作

推销员管理的基础工作主要是指认真制定并严格执行一系列的推销员管理制度。

① 推销员的定期培养制度、传帮带制度和授权制度。

② 产品推销方面的合同制度、样品登记制度、交接制度和汇报制度。

③ 信息反馈制度、售后服务制度、与中间商沟通制度和重点顾客档案制度。

④ 货款回收方面的结算制度和报销制度。

5.5.2 合理分派推销员任务

企业常用的分派推销员的方法有两种。

（1）按地区分派　即凡是本企业在某一地区推销的产品，不管品种多少，一概由该地区的推销员负责。优点是推销员熟悉当地的市场环境，费用水平较低。缺点是推销不可能熟悉每个产品品种，因而推销的总体效果不会十分理想。

（2）按企业产品品种分派　即凡是推销某一种产品，不管其适销范围在哪里，均由指定的推销员具体负责。优点是推销员特别熟悉产品，推销效果明显。缺点是推销费用偏高，企业所有的推销员都需要跑遍全国，有的还可能跨出国门。

如果企业产品品种单一或虽然有多个产品品种，但其技术相似性、使用相似性较明显，则按地区分派推销员较为适宜。如果企业产品品种繁多且彼此间相关性不强，则宜采取按品种分派任务的方法。如果企业产品品种繁多，分为若干大类，类别之间差异较大，类别内部相似性强，那么就应在不同类别间按品种分派，在类别内部按地区分派，以发挥两种方法的优点。

5.5.3 推销员管理工作的量化问题

推销员的工作是一种容易量化的工作，应注意不能只从产品销量上来考察，应联系销售价格、推销费用、货款回收速度、信息反馈的数量与质量，结合地区市场有关特点进行综合考察，长期追踪记录，不但把它作为推销员工资联销计酬的依据，而且要把它作为考核推销员敬业精神、业务水平及提拔时的重要参考资料。推销员管理从定性管理过渡到定量管理是一种进步，只有依靠科学的核定指标体系并认真实施，才能不断提高推销员管理工作的水平。

6 控制工作

6.1 控制的含义

控制是依据计划检查衡量计划的执行情况，并根据偏差，或调整行动以保证按计划进行，或调整计划使活动与计划相吻合。控制是管理者监督和规范组织及其成员各项活动以保证其按计划进行，并纠正各种重要偏差，使其有效地从事实现组织目标所需的行动的过程。

6.2 控制系统

（1）控制的目标体系　是控制系统存在的前提，也是控制系统的依据。控制的目标体系和组织的目标体系是相辅相成的。

（2）控制的主体　组织中的控制主体是各级管理者及其职能部门。

（3）控制的客体　组织中的控制客体是整个组织的活动，包括组织中的资源（如人、财、物、时间、空间、信息），也包括组织活动的内容（如对各级组织机构的活动过程）。

6.3 控制过程

控制过程的基本工作可分为 4 个阶段：确定控制标准、衡量成效、鉴别并分析偏差、纠正偏差。

6.3.1 确定控制标准

标准是人们检查和衡量工作及其结果的规范。控制标准有定量和定性两大类。定量控制标准有以下几种。

（1）实物量标准　如医药商品流通企业中的商品购进量、库存量、销售量等。

（2）货币标准　如进货额、销售额、库存额、销售费用等。

（3）时间标准　如交货期、回款期等。

（4）综合标准　如缺货率、差错率、准时到货率、劳动生产率、市场占有率、资金利润率等。

6.3.2 衡量成效

找出实际工作与标准之间的偏差信息，根据这种信息来评价实际工作的优劣。衡量成效时应注意以下几个问题：通过衡量成效，检验标准的客观性和有效性；确定适宜的衡量频度；建立信息管理系统。

6.3.3 鉴别并分析偏差

弄清偏差产生的原因，如：①控制标准不存在问题，环境也没有发生大的变化，偏差是由于组织和领导工作不力等原因造成的；②控制标准本身没有问题，但由于环境发生了较大的变化，使原本适用的标准不合时宜；③控制标准本身不合理，过高或者过低。

6.3.4 纠正偏差

分析偏差产生的主要原因后，确定纠正偏差的实施对象制定并实施必要的纠正措施。

6.4 控制的原则

（1）适时控制　组织活动中产生的偏差，只有及时采取措施加以纠正，才能避免偏差的扩大或防止偏差对组织不利影响的扩散。纠正偏差的最理想方法应是在偏差未产生以前，就注意到偏差产生的可能性，从而预先采取必要的防范措施，防止偏差的产生。

（2）适度控制　即控制的范围、程度和频度要恰到好处。应注意以下几个问题：防止控制过多或控制不足；处理好全面控制与重点控制的关系；使花费一定的控制费用能得到足够的控制效益。

（3）客观控制　有效的控制必须是客观的、符合组织实际的。控制过程中必须要贯彻"实事求是"的思想，必须要客观地了解和评价被控制对象的活动状况及其变化，必须深入实地调查研究。

（4）系统控制原则　系统是一个由各种相互作用、相互制约的要素为达到共同的目的而组成的有机体。系统控制是指在控制中要树立目的性、全局性、层次性的观念。

（5）以人为中心原则　人是控制的主体。在控制中应充分发挥人的主观能动性。

（6）例外与重点原则　凡对达到组织目标没有重要意义的项目与事务，不应该经常核查，而应该以防止情况恶化为限，严格地用"例外"来控制。即应该树立一种标准，定期地进行衡量，并且只是进行抽样衡量。只有当情况比较明显地与标准出现偏差时才予以控制。控制的重点应放在对组织目标有重要意义的项目与事务上。控制人员越是只注意一些重要的例外偏差，也就是说越是把控制的主要注意力集中在那些超出一般情况的特别好或特别坏的情况，控制工作的效能和效率就越高。

（7）弹性原则　任何一个控制系统，为了同外界进行正常的物质、能量和信息交换，同外部环境之间保持积极的动态适应关系，都必须充分考虑各种变化的可能性，使管理系统整体或内部各要素、层次在各个环节和阶段上保持适当的弹性。

6.5 控制的类型

（1）事前控制、现场控制、事后控制

① 事前控制。也称前馈控制，是指组织活动开始之前进行的控制，对工作中可能出现的偏差进行预测并采取相应的防范措施。其目的是防止问题的发生而不是当问题出现时再补救，以防患于未然。例如，制定一系列规章制度来规范员工行为，以保证工作顺利进行。

② 现场控制。也称事中控制或同步控制。现场控制是一种主要为基层主管人员所采用的控制方法。主管人员深入现场亲自监督、指导、控制下属的活动，以便管理者在问题出现时及时采取纠正措施。其言传身教将发挥很大作用。

③ 事后控制。是指在同一个时期的组织活动已经结束，对本期的资源利用情况及其结果进行总结。虽然是在计划完成后进行的总结和评定，具有滞后性的特点，但可为未来计划的制定和活动的安排以及系统持续的运作提供借鉴。

（2）集中控制与分散控制

① 集中控制。对组织的重大项目与事务成立专门的控制机构，进行重点控制。

② 分散控制。对于日常的一般性、常规性事务，则由各部门、各岗位及全体员工自行控制。

（3）程序控制与跟踪控制

① 程序控制。又叫计划控制。是一种将预先编制好的内容和步骤作为受控系统的输入，从而对整个管理过程予以控制的方式。

② 跟踪控制。又叫目标控制。是一种将所要达到的目标作为受控系统的输入，从而对整个管理过程予以控制的管理形式。它具有对环境干扰和受控系统运动变化的主动适应能力。

6.6 控制的重点

（1）时间控制　任何任务的完成都必须具有时限性，节省时间是提高工作效率的重要途径。

（2）数量控制　心中有数，才能统观全局，全局上的很多指标是通过数量反映出来的。

（3）质量控制　以质量求生存是重要的经营之道。没有质量就没有数量，没有质量就没有效益。

（4）安全控制　人身安全、财产安全、资料安全。

6.7 控制工作示例——应收账款的事前控制

① 根据行业特点和企业流动资产的结构，设定一个应收账款占流动资产总额的比例，在年度计划中明确规定应收账款的年末余额，明确当年的平均收账期，对应收账款的总额实行弹性控制。

② 以制度的形式明确债权责任。明确划分业务经办人员的责任范围；明确规定应收账

款收回之前，责任人不得调离公司；明确设定责任的监督部门，防止责任管理流于形式。

③ 加强合同管理。使用统一的合同范本，付款形式、账期和延期付款的具体违约责任合同中必须注明，合同的传递、保管必须有明确的程序和要求，确保快捷和安全，合同的执行、跟踪和检查要有明确的制度规定，以防止账期延长和客户赊销超出额度。

④ 实施销售政策综合考虑客户资信。对资信差的客户一律采用现款交易；对资信一般或资信较好但尚未进一步证实的客户，在现款交易不被接受的情况下可以采用承兑汇票结算方式；对资信好、实力强、有前景的客户，可以采用分期付款和赊销的方式，但在付款期限和累计金额上应有明确规定，并应坚持清旧款、发新货的原则。无论何种客户，当其提前付款或采取现金交易时，可考虑给予信用优惠（如现金折扣），以鼓励客户及时付款。

7 领导工作

7.1 基本概念

（1）领导者 实施领导过程的人。管理者必定是领导者。

（2）被领导者 领导者的下属，领导工作的客体。被领导者的状况对领导者工作的有效性和领导方式的选择都有影响。

（3）领导 就是引导下属，对下属施加影响，使其为实现组织目标而做出努力的各种行动过程。

（4）领导工作 具体表现在3个方面：同人打交道，处理各种关系；同事打交道，决定各种事务；同时间打交道，掌握时间的进度，保持工作的高效率。

7.2 领导的作用

（1）协调作用 协调组织成员的关系和活动，使组织成员步调一致地朝着共同的目标前进。

（2）指挥作用 在组织的集体活动中，领导者通过引导、指挥、指导或先导活动，帮助组织成员最大限度地实现组织的目标。在整个活动中，要求领导者作为带头人来引导组织成员前进，鼓舞人们去奋力实现组织的目标。

（3）激励作用 调动组织中每个组织成员的积极性，使其以高昂的士气自觉地为组织做出贡献。

7.3 领导方式

7.3.1 基于权利的运用——勒温模式

心理学家勒温在实验研究的基础上，把领导者的行为方式分为专制式、民主式和放任式3种基本类型。

（1）专制式　或称独裁式、专权式。是指领导者个人决定一切，布置下属执行。这种领导者要求下属绝对服从，并认为决策是自己一个人的事情。

（2）民主式　是指领导者发动下属讨论，共同商量，集思广益，然后决策，要求上下融洽，协调一致地工作。

（3）放任式　是指领导者撒手不管，下属愿意怎样做就怎样做，完全自由，他的职责仅仅是为下属提供信息并与企业外部进行联系，以利于下属的工作。

放任式的领导方式工作效率最低，只能达到组织成员的社会目标，完不成工作目标；专制式的领导方式中虽然通过严格管理能够达到既定的任务目标，但组织成员没有责任感，情绪消极，士气低落；民主式领导方式下的群体不但能够完成工作目标，而且群体成员之间关系融洽，工作积极主动、富有创造性。

7.3.2　基于态度和行为的倾向

（1）以任务为中心（或关心任务式）　也称工作导向型的领导行为。这种领导方式关心工作的过程和结果，并用密切监督和施加压力的办法来获得良好绩效、满意的工作期限和结果评估。对这种领导者而言，下属是实现目标或任务绩效的工具，而不是和他们一样有着情感和需要的人，群体任务的完成情况是领导行为的中心。

（2）以人员为中心（或关心人员式）　也称员工导向型领导行为。这种领导方式表现为关心员工，并有意识地培养与高绩效的工作群体相关的人文因素，即重视人际关系。员工导向型领导者把他们的行为集中在对人员的监督，而不是对生产的提高上。他们关心员工的需要、晋级和职业生涯的发展。

经研究发现：在员工导向型的生产单位中，产量高，员工的满意度高，离职率和缺勤率较低。在工作导向型的生产单位中，产量虽然不低，但员工的满意度低，离职率和缺勤率较高。

7.3.3　基于领导生命周期理论

这一理论把下属的成熟度作为关键因素，依据下属的成熟度水平选择正确的领导方式。成熟度是指个体对自己的直接行为负责任的能力和意愿。它包括工作成熟度和心理成熟度。工作成熟度是下属完成任务时具有的相关技能和技术知识水平。心理成熟度是下属的自信心和自尊心。高成熟度的下属有能力且有信心做好每件工作。

例如，当一个员工刚进药店时，在性格和工作经验上都比较幼稚，对药店也很生疏。这时领导应该为他安排好工作，要安排得很具体并加强指导，对他严格要求。过了一段时间，他的工作知识和经验逐渐增加，对工作环境也比较熟悉了，对工作也从不能自我控制逐步走向自我控制。这时，领导应该逐步放手并适当授权，在一定程度上让他独立自主，随时给以鼓励和适当指导。当他更加成熟时，应在工作上让他负有更多责任，给予更多工作自主权，让他组织安排自己的工作。等到他的性格和技能更加成熟，就可以让其独立自主地工作了。

如果对一个老员工，用指导学徒的办法吩咐他"这个工作应该这么干，那个工作不能那么干"，或用安排老员工的方法指导学徒干活，都会带来极差的效果。

总之，对不同成熟度的下属，应采取不同的领导方式，这样才能获得最佳的领导效果。在管理工作中要创造条件，让被管理者在工作过程中更快地趋向成熟，把使用与培养结合起来，注重人力开发。

7.4 领导艺术

领导艺术的内容归结起来，大体上有两种：一是把它视为履行职能的艺术，包括决策艺术、授权艺术、用人艺术；二是把它视为提高工作有效性的艺术，包括安排时间的艺术、处理各种关系的艺术。

7.4.1 待人的艺术

（1）对待下级的艺术　知人善任，助人发展，关心、爱护下属，掌握批评教育的方法，学会与下级沟通。

（2）对待同级的艺术　积极配合而不越位专权，明辨是非而不斤斤计较，见贤思齐而不妒贤嫉能，相互沟通而不怨恨猜疑，支持帮助而不揽功推过。

（3）对待上级的艺术　找准自己的位置，出力而不"越位"，善于领会领导意图，适应上级的特点与习惯来开展工作，在上级面前规矩而不拘束，运用等距外交，避免亲疏不一，着眼做好自己的工作。

7.4.2 提高工作效率的艺术

（1）领导必须干领导的事　牢记领导的职责，做自己应该做的事，不能做下属可以做的工作，要带领群众前进，而不是代替群众前进。

（2）做任何工作都要回答3个能不能　能不能取消、能不能合并、能不能用简单的东西代替它。

（3）要不断总结经验教训　凡是历史上出现过的错误，都不要再犯，这样工作效率就会大幅度提高。

（4）善于运筹时间　时间是最宝贵的财富、时间就是金钱，也是最容易消耗和无法储存的物资。要珍惜这项最稀缺的资源，充分利用自己有限的时间，浪费时间就是浪费生命。

（5）要精兵简政　要多从经济的角度去考虑领导的效益，用最少的投入来换取最大的收益。

7.5 领导工作示例

7.5.1 业务员的帮带

（1）如实介绍公司情况　①如实告知工作的性质和难度，让新人有心理准备。②在告知困难的同时也要鼓励他们，告诉他们前三个月是最辛苦的，以后会慢慢适应的。③把公司的发展前景介绍给他们，让他们充满信心。

（2）带新业务员拜访客户　分为5个步骤。①我做你看。在访问前三家客户时完全由主管来做，新人在一旁看主管是如何做的。这时，主管应该尽可能拜访陌生的客户，让新人学习如何面对陌生的客户，该怎么介绍公司及自己等。②我做你帮。接下来再拜访三家客户，由主管主要负责商谈及介绍，新人在一旁帮做一些辅助的工作。③你做我帮。主要由新业务员来做，然后主管在一旁帮着做。④你做我看。拜访第十家客户的时候，主管可以基本不参与，让新人自己做，但要看着他做。⑤你做我管。以后的工作中，主管做好管理及监督工作，失败或出现问题可帮着总结，并进行必要的工作指导。

（3）刚柔并济　按规定执行，但要注意到下属的实际困难，特别是一些生活上的困难，要能及时了解并给予关心帮助。

（4）公平公正　在工作中，要做到公平理性，对事不对人。

7.5.2　业务员的激励

一般来说，一个业务员对以下 4 个方面最为看重：一是营销技能和水平的提高；二是团队的接纳和领导的赏识；三是获得晋升和培训的机会；四是胜任工作并能从工作中得到成就感，积累自信心。应重点围绕这 4 个方面选择一些方法激发员工的工作热情。

（1）销售竞赛　把各个员工的业绩进度表挂在办公室的显眼处，相信谁也不想看到自己的名字排在最后一名。另外，设立一些单项奖，如客户满意奖、新市场开发奖、新产品推广奖、管理最优奖，鼓励员工积极创新。

（2）情感激励　业务员由于工作失误被调到新的区域后，新经理应要求自己的团队成员不要拿其以前的错误刺激他，并应经常对他进行开导和鼓励，提出一些积极建议。

（3）行为激励　身教重于言教，员工的目光时刻关注上级的一言一行。经理是员工的行为表率，经理的敬业与勤勉会对员工产生极大的激励作用。

（4）赏识和认同　业务员大都希望他们取得的成绩能够得到领导、同事和组织的认同。当下属取得了一定成绩时，千万不要吝惜自己的表扬，经理要及时告诉他做得很好，不但要让团队的每一个人知道，还要尽可能多地让公司其他人知道。这对激发员工的工作热情和工作潜能大有益处。

（5）工作丰富化　重复性的工作内容、相同的拜访路线和老客户会让业务员感觉索然无味、没有干劲。改变他们的工作内容和形式，让下属同时承担几项工作任务或者从事周期更长的工作，并且工作计划和行动方案的制定由经理和员工一起讨论进行，让员工参与到管理工作中来，可以重新激发他们的工作热情，增加他们对工作的满意度，从而提高工作绩效。

（6）培训与晋升　各种营销技能的专项培训、经理与员工一起进行客户拜访和分析市场等，都会让员工感觉到在自己付出努力的同时，公司也在不断帮助自己成长。公司应每半年考评一次，达到晋升标准者即可升级升职，他们将承担更多的责任，同时工资标准、奖金系数、各种待遇标准等也会随之提高。

8　人际沟通

8.1　组织内部人际沟通

组织内部人际沟通的途径有正式沟通和非正式沟通。

（1）正式沟通　是指在组织内部，依据组织明文规定的原则进行的信息传递与交流。正式沟通的类型有下向沟通、上向沟通、横向沟通。

（2）非正式沟通　是由组织成员感情和动机的需要而形成的沟通。其沟通途径是通过组织内的各种社会关系，这种社会关系超越了部门、单位和级别。

与上下级人员保持畅通的信息交流，可以及时发现并纠正管理中的错误，制定更加切实可行的方案和制度。

8.2　客户沟通

8.2.1　客户沟通的目的

有 A、B 两家同行公司分别招聘了一批刚刚毕业的大学生作为销售人员。A 公司在对新人进行培训时一直强调以结果为导向，即一切为销售目标而服务。B 公司对新人进行培训时更注重与客户沟通的技巧。A 和 B 两家公司对新员工培训完毕后的 3 个月，A 公司的销售人员在与客户沟通的过程中时时都围绕着最终目标进行，而 B 公司的销售人员只是侃侃而谈，没有明确的目标。3 个月后，A 公司的销售人员完成的销售量是 B 公司的 3 倍。

最后 A 和 B 两家公司在对客户进行调查的时候发现，大多数客户都认为 B 公司的销售人员素质较高，很讲究沟通技巧，和他们在一起谈话很愉快。但是，他们实现目标的主动性和积极性却很差，错过了很多促成交易的机会。对 A 公司的销售人员进行评价时，客户们虽然认为他们不如 B 公司的销售人员善谈，但是他们却能够抓住一切机会促成交易，客户是被他们实现目标的坚决性和主动性说服的。

销售人员与客户沟通时必须明确，最根本的目标是达成交易并且令客户感到满意，从而实现与客户的长期合作，并不是为了沟通而沟通，不要颠倒销售与沟通之间的关系。

销售人员的目标是通过沟通促成与客户之间的交易。时刻专注于销售目标，所有的客户沟通都是围绕销售目标展开的。注意长期目标与短期目标之间的关系，要统筹兼顾，不要顾此失彼。时刻谨记销售目标，但不要强迫客户接受自己的销售意图，因为这样会破坏与客户的长期合作关系。

销售人员可以按照销售的进展情况对最终目标进行如下分解：得到客户的约见——给客户留下良好的印象——使客户对自己和公司及公司的产品产生信任——让客户对产品的各项条件满意——达成交易。

8.2.2　客户沟通的原则

与客户的沟通是为了更好地进行交流，促进合作。与客户的沟通要坚持 5 个原则，即平等、互惠、信用、相容、发展。只有平等地建立良好的人际关系，遵循互惠互利的商业道德原则，实事求是、讲究信用，设身处地为客户着想，理解客户、包容客户，才能很好地协调与客户的关系，树立企业形象。

8.2.3　客户沟通的准备

首先，要拟订沟通计划，包括到哪里和哪些客户交流、怎样交流、交流什么、交流到什么程度。其次，要准备一些资料、话题，以便于沟通时引用、举证。最后，要熟记客户的基本状况。如果对客户的现状、经营活动一无所知，客户就会感觉生疏，沟通就难以开展。因此，要寻找共同语言，注意客户信息的收集和利用。

8.2.4 客户沟通的要点

急客户之所急，把客户的事当成自己的事，帮助客户解决各种困难和问题。沟通的要点就是要熟悉客户、研究客户并与客户做朋友。在了解客户的基础上进行沟通，让客户感觉你是内行，对市场和产品很了解，对其经营有帮助，从而乐意交友，并听从劝告。

8.2.5 客户沟通的方法

（1）建立详细的客户档案　这是进行有效沟通的基础。客户档案不仅反映企业情况，还应包括主要决策人、联络人的性趣爱好以及重要的纪念日等。

（2）要加强感情交流　一张贺卡、一句祝福常让人激动不已。礼不在重，但心要诚。客户遇到困难时，应主动伸手相助。当遇到与他专业相关的讲座、培训、论坛、考察等机会时，可送上一张票或邀请函，这是比较容易被顾客接受的。上班时间是正常的业务往来，而要成为朋友更多的功夫是下在业务之外。

（3）注意倾听　认真倾听可提高客户的满意度。想方设法让客户多谈意见和看法，对客户的疑问及意见要认真倾听，尽快答复，可稍作解释，不要与其争论。

8.2.6 语言沟通技巧

沟通意味着与别人的意见进行交流或是共享，与人交流要求我们巧妙地听和说，而不是无所顾忌地谈话，这需要技巧。如何与客户有效地交谈是一个很重要的商业技能。孔子说过："言不顺，则事不成。"语言沟通的常见形式包括陈述观点、回答问题、提出反驳。

（1）陈述观点　目的是说服别人接受自己的观点并认同自己。一定要注意采取有利于对方的沟通方式，令对方觉得陈述的观点、主张确实是有道理的。语言沟通犹如做菜，加减佐料完全视各人的口味来调整，但是菜的性质并没有改变。如果只是背诵固定的销售台词，不会临场发挥，其效果就会很差。

（2）回答问题　要领在于简单明了，尽量不要过于随便地发挥，更不要轻易地表态。如何回答客户问题完全是策略上的需要，不能想怎么说就怎么说。有的人生怕回答得不够详细，恨不得把所知道的全都讲出来，实言多必失，话说多了，反而会导致相反的结果。此外，讲得越多，客户对你的心理透视也越深入，你就会很被动，应点到为止。

（3）提出反驳　反驳别人的观点，不是说服别人的最好办法，但却是了解别人真实想法的有效办法。与客户沟通，不是举行辩论赛。辩论赛式的语言表达不但于事无补，反而可能会"火上浇油"，令沟通无法有效展开。说服客户不是靠论理明确、论据充分，而是靠客户心甘情愿的认同。与客户洽谈生意，谈的不是道理，而是合作。道理只是形式，合作才是根本。

针对不同的目标对象，采取个性化的沟通策略无疑是古今不变的沟通秘诀。究竟向客户表现出哪些个人魅力，还需要视具体情况而定。如果客户需要你是个忠诚、可信的人，就需要运用语言表现出你的诚实可信；如果客户需要你的建议具有权威性，就需要表现出你在专业方面的优势。

9　商务谈判

谈判就是当事人想从对方那里获得所需而进行协商的过程。所有的目标都是通过谈判实现的。营销人员的艰巨工作就是不断地说服顾客，管理人员的工作就是不断地影响和说服下属与同事。实际上，无论是在购物时还是在工作中，谈判每天都在发生。有人把商务谈判称之为面对面的谋略。商务谈判具有灵活多变的特征，不可能有一个一成不变的公式，但也要讲究一些基本技巧，如能灵活运用，可能会对商务谈判取得成功有所帮助。

9.1　商务谈判的基本技巧

① 商务谈判要努力创造一种和谐的交流气氛。凡是商务谈判，双方都想通过沟通交流实现自己的某种意图。轻松和谐的谈判气氛，能够拉近双方的距离。人在轻松和谐的气氛中能耐心地听取不同意见，有助于谈判的成功。

② 商务谈判中要善于倾听、分析和判断。谈判中有一半左右的时间都在听对方说话，高明的谈判者不仅善于倾听，还善于在不显山露水的情形下启发对方多说，并从对方说话的神情、语速、语调和说话的逻辑性等方面，判断出对方是一个什么类型的谈判者以及对方的真实意图什么。

③ 发挥团队的作用。在一个谈判团队中，分工要明确，每个成员都要注意自己在谈判中的角色，扮演角色要到位而不越位。只有各种角色的默契配合，才能演出有声有色的精彩剧目。

④ 说话要瞻前顾后，不能顾此失彼，更不可前后矛盾。商务谈判好比一盘棋牌赛。开局，要为成功布局；中局，要保持优势；终局，要赢得忠诚。

⑤ 商务谈判要尽可能地掌握对方情况，站在对方的立场上，真诚帮助对方分析利弊得失。

⑥ 要掌握商务谈判中让步和坚持的火候。商务谈判的成功，某种程度上是双方妥协的结果。妥协就是让步。让步要视双方的情况和谈判形势灵活决定，有时候需要一步到位，有时候需要分段让步。总之，采取的方式要使对方感到你的妥协是通情达理的，对谈判是诚心诚意的，不能让对方感到突然或不合逻辑。此外，要有一定的忍耐力，要学会巧妙地坚持和等待。这就像琴弦一样，松了弹不成曲子，紧了就会拉断。

⑦ 谈判不要限于一个问题。如果解决了其他所有问题，最后只剩下价格谈判，那么结果只能是一输一赢。如果谈判桌上多留几个问题，就总能找到交换条件达成公平交易。人们的谈判目的各不相同。销售人员的最大误区就是认为价格是谈判中的主导问题。很明显，许多其他因素对买方也很重要，如产品或服务的质量、按时送货和灵活的付款条件等。

⑧ 商务谈判要厚道。要让对方有一定的成就感。人都是有虚荣心和需要成就感的。

"得理不让人"式的谈判是商场大忌。即使对方被迫无奈地和你签约了，内心也会认为你是一个办事刻薄、对人缺乏厚道的对手，而不是一个理想的合作伙伴。一旦市场有了变化，你就会永远失去这个客户或合作者。

9.2 商务谈判中的报价技法

商务谈判的主要内容是价格、交货期、付款方式及保证条件这四大项，而价格因素是谈判中的焦点。谈判中，报价是必不可少的中心环节。

依照惯例，发起谈判者应该先报价，投标者与招标者之间应由投标者先报，卖方与买方之间应由卖方先报。先报价的好处是能先行影响、制约对方，把谈判限定在一定的框架内，在此基础上最终达成协议。先报价虽有好处，但它也泄露了一些情报，使对方听了以后，可以把心中隐而不报的价格与之比较，然后进行调整。合适就拍板成交，不合适就利用各种手段进行杀价。先报价和后报价都各有利弊。谈判中是决定"先声夺人"还是选择"后发制人"，一定要根据不同的情况灵活处理。一般来说，如果你准备充分，知己知彼，就要争取先报价；如果你不是行家，而对方是，那你就要沉住气，后报价，从对方的报价中获取信息，及时修正自己的想法；如果你的谈判对手是个外行，那么，无论你是内行还是外行，都要先报价，力争牵制、诱导对方。

9.3 谈判的语言技巧

成功的商务谈判都是谈判双方出色运用语言艺术的结果。其语言使用一般有以下要求。

（1）针对性要强　在商务谈判中，语言的针对性要强，做到有的放矢。模糊、啰唆的语言会使对方疑惑、反感，降低己方威信，成为谈判的障碍。

（2）语气要委婉　要尽量使用委婉的语言，这样易于被对方接受，要让对方相信这是他自己的观点。在这种情况下，谈判对手有被尊重的感觉，他会认为反对这个方案就是反对他自己，因而容易达成一致，获得谈判成功。

（3）能灵活应变　谈判过程中往往会遇到一些意想不到的尴尬事情，要求谈判者具有灵活的语言应变能力，巧妙地摆脱困境。

（4）巧用无声语言　商务谈判中，手势、眼神、表情等无声语言，往往在谈判过程中发挥着重要作用。在有些特殊环境里，有时需要沉默。恰到好处的沉默可以取得意想不到的效果。

9.4 商务谈判中的情绪控制

① 首先要关注和了解对方的情绪，弄清原因是解决问题的关键。

② 让对手的情绪得到发泄。在对方情绪还在发泄时，并不是解决问题的最好时机。这时，最好的办法就是倾听，不要还击。为了能够让对方的情绪稳定下来，应引导对方将理由讲清楚。

③ 使用象征性的体态语言缓解情感冲突。在缓解情感冲突时，有些象征性的体态语言（如与对方握手、赠送一份小礼物等）往往会起到意想不到的作用。经验丰富的谈判者

认为，用行为表示道歉是谈判中成本最少且回报最大的投资。

9.5 商务谈判礼仪

① 谈判代表要有良好的综合素质，双方谈判代表的身份、职务要相当。

② 谈判前应整理好仪容仪表，穿着要整洁正式、庄重。男士应刮净胡须，穿西服必须打领带。女士穿着不宜太性感，不宜穿细高跟鞋，应化淡妆。

③ 布置好谈判会场，采用长方形或椭圆形的谈判桌，门右手座位或对面座位为尊，应让给客方。

④ 自我介绍要自然大方，被介绍人应起立微笑示意。如有名片，要双手接递。注视对方时，目光应停留于对方双眼至前额的三角区域正方，这样可以使对方感到被关注。手势要自然，不宜乱打手势，以免造成轻浮之感。切忌双臂在胸前交叉，以免显得傲慢无礼。

⑤ 提问时要开诚布公，应在气氛和谐时提出，切忌在气氛比较冷淡或紧张时提问。言辞不可过激或追问不休，以免引起对方反感甚至恼怒。对方回答问题时不宜随意打断，答完时要向解答者表示谢意。

⑥ 处理冷场时要主动灵活，可以暂时转移话题。如果确实已无话可说，则应当机立断，暂时中止谈判，稍作休息后再重新进行。主方要主动提出话题，不要让冷场持续过长时间。

⑦ 签约时双方谈判人员都要出席。助签人员协助签字人员打开文本，指明签字位置。双方代表各在己方的文本上签字，然后由助签人员互相交换，再在对方文本上签字。签字完毕后，双方交换文本，并相互握手，祝贺合作成功。

参 考 文 献

1 冯国忠主编.医药市场营销学.北京:中国医药科技出版社,2002
2 黄坤主编.区域经理实战手册.北京:企业管理出版社,2003
3 刘会主编.医药代表实战宝典.北京:海洋出版社,2002
4 朱菁华,邹君主编.医药企业区域营销经理实战宝典.北京:海洋出版社,2004
5 杨文章主编.药品营销与管理.北京:中国医药科技出版社,2003
6 段玉新主编.药品经营技术标准.北京:中国医药科技出版社,2003
7 杨玉福,万俊栋主编.药品营销策略.北京:北京科学技术出版社,2001
8 张大禄,胡旭,包绍卿主编.药品经营策略与技巧.北京:中国医药科技出版社,2003
9 罗纳德·B·马克斯主编.人员推销.北京:中国人民大学出版社,2002
10 朱红,马景霞,刘雅洁主编.药店经营与管理.济南:山东科学技术出版社,2003
11 梁毅主编.经营质量管理规范(GSP).北京:中国医药科技出版社,2003
12 陈玉文主编.实用药品GSP实施技术.北京:化学工业出版社,2004
13 侯胜田主编.OTC药品营销管理.北京:化学工业出版社,2004
14 周帆主编.当代医药保健品营销图表大全.广州:广东经济出版社,2003
15 严耀东,王岳编著.药品集中招标采购指南.北京:中国医药科技出版社,2002
16 王东风主编.医药商品购销员国家职业资格培训教程.北京:中国中医药出版社,2002
17 王璞主编.营销管理咨询实务.北京:中信出版社,2003
18 周三多主编.管理学.北京:高等教育出版社,2000
19 宁德斌主编.医药企业管理.北京:科学出版社,2004
20 胡君辰,郑绍濂主编.人力资源开发与管理.上海:复旦大学出版社,2004
21 黄渝祥主编.企业管理概论.北京:高等教育出版社,2000
22 杨文士,焦叔斌主编.管理学原理.北京:人民大学出版社,2004
23 彭向刚主编.领导科学.长春:吉林大学出版社,2000
24 李剑峰主编.组织行为管理.北京:人民大学出版社,2004
25 张广碧主编.医药商品经营管理学.北京:中国医药科技出版社,1999

全国医药高职高专教材可供书目

	书 名	书 号	主 编	主 审	定 价
1	化学制药技术	7329	陶 杰	郭丽梅	27.00
2	生物与化学制药设备	7330	路振山	苏怀德	29.00
3	实用药理基础	5884	张 虹	苏怀德	35.00
4	实用药物化学	5806	王质明	张 雪	32.00
5	实用药物商品知识（第二版）	07508	杨群华	陈一岳	45.00
6	无机化学	5826	许 虹	李文希	25.00
7	现代仪器分析技术	5883	郭景文	林瑞超	28.00
8	现代中药炮制技术	5850	唐延猷　蔡翠芳	张能荣	32.00
9	药材商品鉴定技术	5828	刘晓春	邬家林	50.00
10	药品生物检定技术（第二版）	09258	李榆梅	张晓光	28.00
11	药品市场营销学	5897	严 振	林建宁	28.00
12	药品质量管理技术	7151	负亚明	刘铁城	29.00
13	药品质量检测技术综合实训教程	6926	张 虹	苏 勤	30.00
14	中药制药技术综合实训教程	6927	蔡翠芳	朱树民　张能荣	27.00
15	药品营销综合实训教程	6925	周晓明　邱秀荣	张李锁	23.00
16	药物制剂技术	7331	张 劲	刘立津	45.00
17	药物制剂设备（上册）	7208	谢淑俊	路振山	27.00
18	药物制剂设备（下册）	7209	谢淑俊	刘立津	36.00
19	药学微生物基础技术（修订版）	5827	李榆梅	刘德容	28.00
20	药学信息检索技术	8063	周淑琴	苏怀德	20.00
21	药用基础化学	6134	胡运昌	汤启昭	38.00
22	药用有机化学	7968	陈任宏	伍焜贤	33.00
23	药用植物学	5877	徐世义	孙启时	34.00
24	医药会计基础与实务（第二版）	08577	邱秀荣	李端生	25.00
25	有机化学	5795	田厚伦	史达清	38.00
26	中药材 GAP 概论	5880	王书林	苏怀德　刘先齐	45.00
27	中药材 GAP 技术	5885	王书林	苏怀德　刘先齐	60.00
28	中药化学实用技术	5800	杨 红	裴妙荣	23.00
29	中药制剂技术	5802	闫丽霞	何仲贵　章臣贵	48.00
30	中医药基础	5886	王满恩	高学敏　钟赣生	40.00
31	实用经济法教程	8355	王静波	潘嘉玮	29.00
32	健身体育	7942	尹士优	张安民	36.00
33	医院与药店药品管理技能	9063	杜明华	张 雪	21.00
34	医药药品经营与管理	9141	孙丽冰	杨自亮	19.00
35	药物新剂型与新技术	9111	刘素梅	王质明	21.00
36	药物制剂知识与技能教材	9075	刘 一	王质明	34.00
37	现代中药制剂检验技术	6085	梁延寿	屠鹏飞	32.00
38	生物制药综合应用技术	07294	李榆梅	张 虹	19.00

欲订购上述教材，请联系我社发行部：010-64519689，64518888

如果您需要了解详细的信息，欢迎登录我社网站：www.cip.com.cn